NOS VEMOS HOY 1

Spanish course

A1

difusión

Workbook MP3

NOS VEMOS HOY 1

Authors
Margarita Görrissen, Pilar Pérez Cañizares, Juana Sánchez Benito

Publishing coordinator and editing
Clara Serfaty

Graphic design
Laurianne Lopez

Cover design
Laurianne Lopez

Illustration
Miguel Manich (studiomanich.com)

Maquetación
Aleix Tormo

Correction
Pablo Sánchez

Documentation
Emma González Mesas

Coordination of the English Edition
Clara Serfaty

Translation of the English Edition
Lucy Ratcliffe

Proofreading of the English Edition
Denise Cowle

Nos vemos hoy is based on the manual *Con gusto nuevo*.

ISBN: 978-84-19273-17-8

Printed in the EU

MIX
Paper from responsible sources
FSC® C019520

Welcome to NOS VEMOS HOY 1

NOS VEMOS HOY is a manual to discover the Spanish-speaking world and learn to communicate in everyday situations. At the end of this level, the student will have reached level A1 of the Common European Framework of Reference for Languages.

To experience an even more interactive experience, all the digital resources for **NOS VEMOS HOY** are available at:

Recursos para estudiantes y docentes
campusdifusión

campusdifusión

- ✓ Interactive digital book in two formats (flipbook and HTML)
- ✓ Audio and video content
- ✓ Text mapping
- ✓ Transcriptions of the audios
- ✓ Course planning
- ✓ Exams
- ✓ One self-correcting exam per lesson
- ✓ Annotated edition for teachers
- ✓ Glossaries (English, French and Chinese)
- ✓ Answer key

ÍNDICE

PÁG. 9

1 VIAJE AL ESPAÑOL

Activities
- 1-23

Mundo profesional
- Similar words in different languages

Pronunciar bien
- Accentuation

Autoevaluación

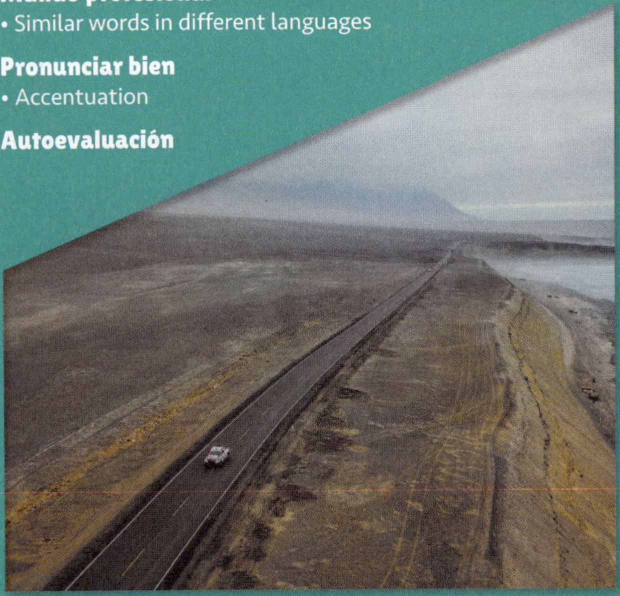

PÁG. 19

2 PRIMEROS CONTACTOS

Activities
- 1-25

Mundo profesional
- Business cards

Pronunciar bien
- The letter **r**

Autoevaluación

PÁG. 29

3 ME GUSTA MI GENTE

Activities
- 1-26

Mundo profesional
- The departments in a company
- Vocabulary about the world of work

Pronunciar bien
- The letter **j**

Autoevaluación

PÁG. 39

4 MIRADOR

Review unit

Activities
- 1-5

PÁG. 41

5 COMER CON GUSTO

Activities
- 1-31

Mundo profesional
- A business lunch: make a reservation

Pronunciar bien
- The letter **s**

Autoevaluación

PÁG. 51

6 POR LA CIUDAD

Activities
- 1-20

Mundo profesional
- Abbreviations
- Weekly agenda

Pronunciar bien
- The accentuation of verbs

Autoevaluación

PÁG. 61

7 EL PLACER DE VIAJAR

Activities
- 1-25

Mundo profesional
- Plans

Pronunciar bien
- The sounds /p/, /t/ and/k/

Autoevaluación

PÁG. 71

8 MIRADOR

Review unit

Activities
- 1-5

PÁG. 73

9 CAMINANDO

Activities
- 1-29

Mundo profesional
- Recommendations for a job interview
- Tips for the first day of work

Pronunciar bien
- The final **e**

Autoevaluación

PÁG. 83

10 TENGO PLANES

Activities
- 1-27

Mundo profesional
- A business lunch
- A telephone reservation

Pronunciar bien
- The groups of letters **ch** and **ll**

Autoevaluación

PÁG. 93

11 CASA NUEVA, VIDA NUEVA

Activities
- 1-26

Mundo profesional
- A survey on housing

Pronunciar bien
- Accent traps

Autoevaluación

PÁG. 103

12 MIRADOR

Review unit

Activities
- 1-7

Each unit of the NOS VEMOS HOY Workbook is structured as follows:

A **title page** reviews the objectives of the unit and includes the first activities.

Each unit contains **eight pages of activities** to consolidate the **vocabulary and grammar** learned in the **Student Edition**.

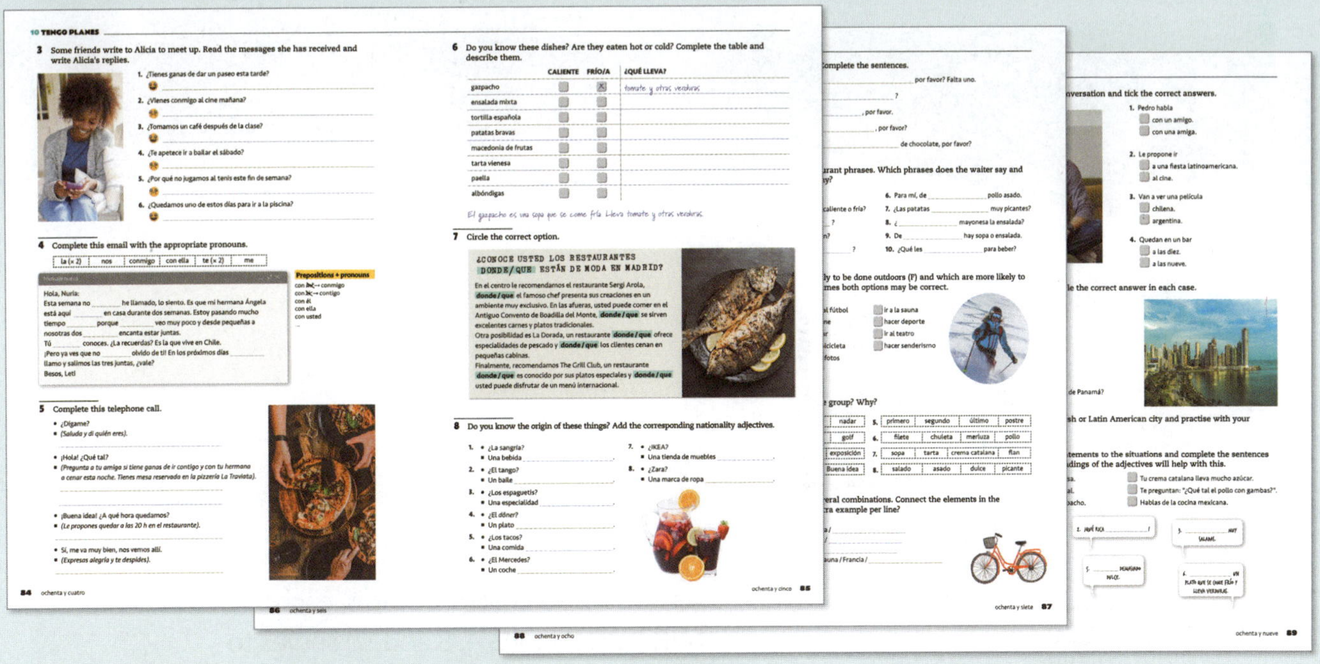

The grammar and **vocabulary and communication** side bars, effectively providing students with comfortable linguistic support for activities and practical suggestions.

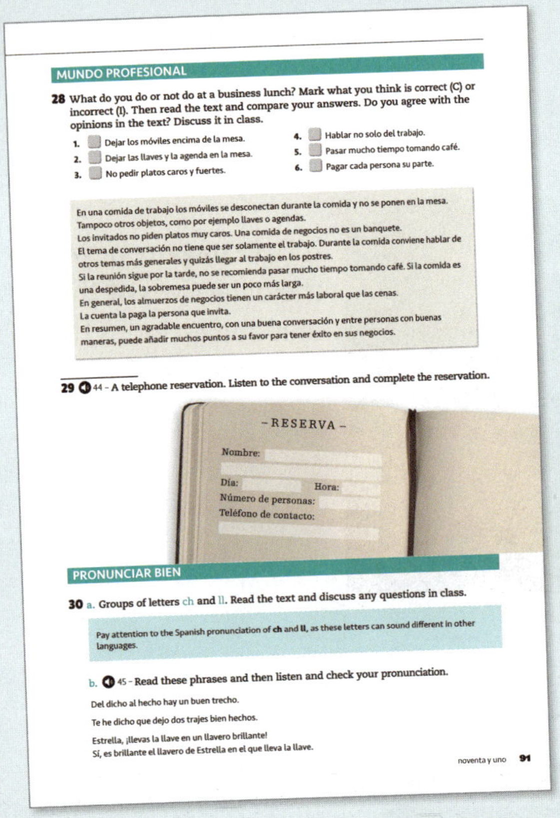

MUNDO PROFESIONAL

28 What do you do or not do at a business lunch? Mark what you think is correct (C) or incorrect (I). Then read the text and compare your answers. Do you agree with the opinions in the text? Discuss it in class.

1. Dejar los móviles encima de la mesa.
2. Dejar las llaves y la agenda en la mesa.
3. No pedir platos caros y fuertes.
4. Hablar no solo del trabajo.
5. Pasar mucho tiempo tomando café.
6. Pagar cada persona su parte.

En una comida de trabajo los móviles se desconectan durante la comida y no se ponen en la mesa. Tampoco otros objetos, como por ejemplo llaves o agendas.
Los invitados no piden platos muy caros. Una comida de negocios no es un banquete.
El tema de conversación no tiene que ser solamente el trabajo. Durante la comida conviene hablar de otros temas más generales y quizás llegar al trabajo en los postres.
Si la reunión sigue por la tarde, no se recomienda pasar mucho tiempo tomando café. Si la comida es una despedida, la sobremesa puede ser un poco más larga.
En general, los almuerzos de negocios tienen un carácter más laboral que las cenas.
La cuenta la paga la persona que invita.
En resumen, un agradable encuentro, con una buena conversación y entre personas con buenas maneras, puede añadir muchos puntos a su favor para tener éxito en sus negocios.

29 44 - A telephone reservation. Listen to the conversation and complete the reservation.

– RESERVA –
Nombre:
Día: Hora:
Número de personas:
Teléfono de contacto:

PRONUNCIAR BIEN

30 a. Groups of letters ch and ll. Read the text and discuss any questions in class.

Pay attention to the Spanish pronunciation of **ch** and **ll**, as these letters can sound different in other languages.

b. 45 - Read these phrases and then listen and check your pronunciation.

Del dicho al hecho hay un buen trecho.
Te he dicho que dejo dos trajes bien hechos.
Estrella, ¡llevas la llave en un llavero brillante!
Sí, es brillante el llavero de Estrella en el que lleva la llave.

noventa y uno 91

A section focusing on **business Spanish** called **MUNDO PROFESSIONAL**. A **section dedicated to phonetics (PRONUNCIAR BIEN)** in which advice related to certain characteristics of Spanish pronunciation is given. The student reflects and practises.

Each unit ends with the **AUTOEVALUACIÓN** section, a space that invites students to reflect on their progress.

10 TENGO PLANES

AUTOEVALUACIÓN

NOW I KNOW HOW TO...

... talk about leisure activities:
En mi tiempo libre me gusta ______.

... describe plans and events in the future:
El sábado voy a ______.

... make, accept or reject a proposal:
¿Tienes ganas de ______? Lo siento, es que ______.

... meet someone and agree on the time and place:
¿Cuándo ______? ¿Qué tal ______?

... describe something:
Es un plato que ______.

... order in a restaurant:
De primero ______.

... evaluate food:
La carne está ______.

... use saber and poder correctly:
No ______ italiano, pero ______ hacer un curso en Roma.

... use prepositions in combination with pronouns:
con + mí → ______ con + ti → ______

... use nationality adjectives:
Me gustan los vinos ______.

... use otro and un poco más de correctly:
¿Me trae otro/a ______ y un poco más de ______, por favor?

92 noventa y dos

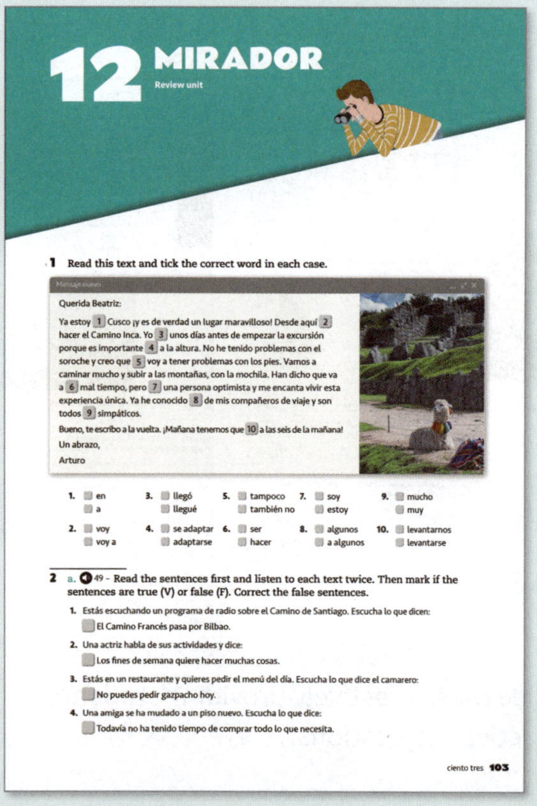

12 MIRADOR
Review unit

1 Read this text and tick the correct word in each case.

Querida Beatriz:
Ya estoy [1] Cusco ¡y es de verdad un lugar maravilloso! Desde aquí [2] hacer el Camino Inca. Yo [3] unos días antes de empezar la excursión porque es importante [4] a la altura. No he tenido problemas con el soroche y creo que [5] voy a tener problemas con los pies. Vamos a caminar mucho y subir a las montañas, con la mochila. Han dicho que va a [6] mal tiempo, pero [7] una persona optimista y me encanta vivir esta experiencia única. Ya he conocido [8] de mis compañeros de viaje y son todos [9] simpáticos.
Bueno, te escribo a la vuelta. ¡Mañana tenemos que [10] a las seis de la mañana!
Un abrazo,
Arturo

1. en / a
2. voy / voy a
3. llegó / llegué
4. se adaptar / adaptarse
5. tampoco / también no
6. ser / hacer
7. soy / estoy
8. algunos / a algunos
9. mucho / muy
10. levantarnos / levantarse

2 a. 49 - Read the sentences first and listen to each text twice. Then mark if the sentences are true (V) or false (F). Correct the false sentences.

1. Estás escuchando un programa de radio sobre el Camino de Santiago. Escucha lo que dicen:
El Camino Francés pasa por Bilbao.
2. Una actriz habla de sus actividades y dice:
Los fines de semana quiere hacer muchas cosas.
3. Estás en un restaurante y quieres pedir el menú del día. Escucha lo que dice el camarero:
No puedes pedir gazpacho hoy.
4. Una amiga se ha mudado a un piso nuevo. Escucha lo que dice:
Todavía no ha tenido tiempo de comprar todo lo que necesita.

ciento tres 103

As with the **Student Edition**, each **MIRADOR** (units 4, 8 and 12) serves to take stock and **check the knowledge acquired through vocabulary and grammar activities**.

1 VIAJE AL ESPAÑOL

Communication
- Greet and say goodbye
- Ask for someone's name
- Introduce yourself and react
- Ask the meaning
- Numbers up to 10
- Talk about the reasons to study Spanish
- **MUNDO PROFESIONAL** Similar words in different languages

Glossary
- Names and surnames
- Greetings and farewells
- Letters
- Words of Latin, Arabic, indigenous, English origin
- Languages
- Countries
- Reasons for studying Spanish

Grammar
- Pronunciation
- The definite article
- Gender and number in nouns
- Personal pronouns
- Addressing someone (**tú / usted**)
- Regular verbs ending in **-ar**
- **PRONUNCIAR BIEN** Accentuation

Culture
- Famous people from the Spanish-speaking world
- The origin of words
- **PANAMERICANA** De norte a sur

1 How do you greet people at these times?

22:00 .... 17:00 ....

8:00 .... 12:00 ....

2 a. Write two dialogues with the information from these boxes.

Hola, ¿cómo te llamas?	Buenos días. ¿Cómo se llama usted?	Marta, ¿y tú?
Yo soy Ricardo.	Carmen Luna Jiménez.	Soy Santiago Márquez, ¿y usted?

1. • ....
   ▪ .... ☐ tú
   • .... ☐ usted

2. • ....
   ▪ .... ☐ tú
   • .... ☐ usted

b. 1 - Now check with the recording.

c. In which dialogue do they use tú and which usted?

3 a. 2 - Listen and complete the results of these matches.

RESULTADOS

Argentina - Brasil	1 - 3	
Ecuador - Perú	-	
Bolivia - México	-	
Uruguay - Colombia	-	
Chile - Venezuela	-	

Clasificación:

Colombia	puntos
Brasil	puntos
México	puntos
Argentina	puntos
Uruguay	puntos
Ecuador	puntos
Bolivia	puntos
Chile	puntos
Perú	puntos
Venezuela	puntos

b. 3 - Listen and write down the classification of the teams.

4 Write the results in words.

tres + seis - dos = ...

ocho : dos + cuatro = ...

ocho - siete + cinco = ...

nueve - cinco + seis = ...

siete + uno - cinco = ...

seis : tres - dos = ...

nueve : tres + dos = ...

siete - seis × uno = ...

5 4 - Think about the pronunciation of these letters and read the words out loud. Then listen and check.

B / V	**B**arcelona - **B**olivia - **V**enezuela	**G / J**	**G**ibraltar - Ar**g**entina - **J**erez
C / K / QU	**C**uba - **k**ilo - **Qu**ito	**H**	**H**onduras - **h**otel - **h**ola
C / Z	Bar**c**elona - Gali**c**ia - **Z**arago**z**a	**LL / Y**	Ma**ll**orca - Sevi**ll**a - pla**y**a
CH	**Ch**ile - **ch**ocolate - no**ch**e	**Ñ**	Espa**ñ**a - ni**ñ**os - Cataluña
G	**G**alápagos - **G**ranada - **G**uatemala	**R / RR**	**r**estaurante - Ando**rr**a - guita**rr**a
GUE / GUI	**Gue**rnica - **Gui**nea - **gui**tarra		

6 a. 5 - It is the first day of class in a language school in Spain. Listen and write down which group each student is in.

Nombre y apellidos	Grupo
Ana Martínez Marcos	
Carlos Jiménez Torres	
Celia Pérez Ramos	1
Gabriel Castillo Sierra	
Juan García Zapatero	
Lucía Gil Sánchez	
Lucía Quesada Ramírez	
Luis Rodríguez Cercas	
Pilar González Ortega	

Surnames

In Spanish, many surnames end in **-ez**. This ending means **son of**. Gonzalez is son of Gonzalo and Fernández, son of Fernando.

b. 6 - Read these four names out loud and search the list in a for three names or surnames with the same pronunciation at the beginning of a word. Then listen and check.

CARMEN	CECILIA	GUSTAVO	JOSÉ

7 Match the verbs with the corresponding pronouns.

estudias	hablan	trabajo	viajáis	escuchamos	compra
pasan	visitamos	hablas	viajo	estudiáis	escucha

YO	TÚ	ÉL, ELLA, USTED	NOSOTROS/AS	VOSOTROS/AS	ELLOS, ELLAS, USTEDES

8 Match the elements from the three columns to form sentences.

Antonio y María		1. estudiáis	a. música clásica.
Marc		2. pasa las vacaciones	b. en la universidad.
Nosotras		3. viajamos	c. español.
Tú		4. visitan	d. en la playa.
Yo		5. trabajo	e. a Latinoamérica.
Ustedes		6. escuchas	f. en un hotel.
Vosotros		7. hablan	g. Buenos Aires.

9 Tick whether these people speak to each other formally or informally. What elements do they use? Underline them.

	TÚ	VOSOTROS/AS	USTED	USTEDES
1. Buenos días, señora Ribas.				
2. ¿Trabajáis en el hotel Miramar?				
3. ¿Para qué estudian español?				
4. Buenos días. ¿Cómo se llama?				
5. Hola, yo soy Gabriela. ¿Cómo te llamas?				
6. ¿Estudias o trabajas?				
7. Buenas tardes, ¿hablan español?				
8. ¿Es usted el señor Romero?				

10 Which word is not part of the group? Can you add one more word to each group?

1.	naranja	tomate	chocolate	playa	
2.	arroz	inglés	español	italiano	
3.	museo	teatro	biblioteca	vacaciones	
4.	música	historia	concierto	guitarra	
5.	hotel	fábrica	vacaciones	playa	
6.	amigo	pareja	colega	guitarra	
7.	fiesta	sangría	fútbol	vino	
8.	palabra	jirafa	colibrí	jaguar	

11 Read the sentences and circle the correct options.

1. ¿Cómo **te / se** llama usted?
2. Me **llamo / llama** Antonio Pérez Díaz.
3. Hola, **soy / llamo** Isabel.
4. Y **tú / usted**, ¿cómo te llamas?
5. ¿**Habláis / Hablan** ustedes inglés?
6. ¿**Qué / Cómo** significa **trabajo**?
7. Pasamos las vacaciones **a / en** México.
8. Mi pareja y yo **estudian / estudiamos** español.
9. ¿**Qué / Cómo** se pronuncia **Juan**?
10. Estudio español para **visitar / viajar** Perú.

12 Greetings or goodbyes? Classify these words and expressions. Add one more to each group.

buenos días	adiós	hasta pronto	hola
hasta mañana	buenas tardes	hasta luego	buenas noches

SALUDOS	DESPEDIDAS	SALUDOS Y DESPEDIDAS

Greetings and farewells

Some ways of greeting and saying goodbye can be combined together.

- Hola, buenos días.
- Adiós, buenas tardes.

13 **a.** Add up and write the result in words.

a.  ....

d. 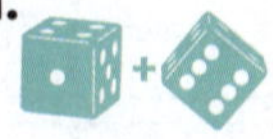 ....

b.  ....

e. 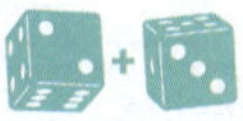 ....

c.  ....

f.  ....

b. Calculate and write the result.

diez → (– seis) .... → (+ tres) .... → (– cinco) .... → (+ siete) ....

14 **a.** Do you remember these words? Write the vowels and to complete them.

1. C H _ C _ L _ T _
2. G _ _ T _ R R _
3. C _ N C _ _ R T _
4. T _ R T _ L L _
5. _ N _ V _ R S _ D _ D
6. C _ F _
7. H _ T _ L
8. T _ _ T R _
9. P L _ _ _
10. T _ M _ T _
11. M _ S _ _
12. F _ N C _

b. Sort the words from **a** into these categories. Can you add any more?

GASTRONOMÍA	MÚSICA	VACACIONES	CULTURA

15 Classify the words in the boxes as names and surnames. Then underline the female names with one colour and the male names with another colour.

Ana	Pérez	Luis	López	José María	Martínez
Díaz	Ruiz	Javier	Daniel	Cristina	Susana
María Jesús	Álvarez	Manuel	Lola	Paco	Andrea

Nombre: Ana, ...

....

Apellido: Pérez, ...

....

Abbreviations

Many names in Spanish are known by their abbreviated form.

- Lola = Dolores
- Paco = Francisco

16 Notice the initial sound of these names. One word in each group is pronounced differently. Which is it? Cross it out and add one more word to each group.

1.	Cristina	Carlos	~~Celia~~	Carmen	Carolina	Corina
2.	Guillermo	Julia	Juan	Gerardo	José	
3.	Guadalupe	Gonzalo	Gustavo	Gilberto	Gabriela	
4.	Zacarías	Claudio	Cecilia	Celia	Cintia	

17 Do you know where these countries are? Mark those you know on the map on page 22 of the Student Edition.

1. Argentina
2. Bolivia
3. Brasil
4. Chile
5. Colombia
6. Costa Rica
7. Cuba
8. Ecuador
9. El Salvador
10. Guatemala
11. Honduras
12. México
13. Nicaragua
14. Paraguay
15. Uruguay
16. Venezuela

18 Write the article of each word and add its plural form, like in the example.

1. el hotel → los hoteles
2. ______ información → ______
3. ______ museo → ______
4. ______ país → ______
5. ______ nombre → ______
6. ______ familia → ______
7. ______ tomate → ______
8. ______ biblioteca → ______
9. ______ noche → ______
10. ______ problema → ______
11. ______ viaje → ______
12. ______ día → ______
13. ______ hospital → ______
14. ______ organización → ______
15. ______ palabra → ______
16. ______ universidad → ______
17. ______ limón → ______

The gender of nouns

Words derived from Greek with the ending **-ma**, are masculine, like el **tema** and el **problema**. Words that end in consonants and have an accent on the last syllable, lose it in the plural. For example, **la información**, **las informaciones**.

19 Complete the questions if necessary. Then match the questions with the corresponding answers.

1. ¿ ____ te llamas?
2. ¿ ____ hablas italiano?
3. ¿ ____ significa ***vale*** en español?
4. ¿ ____ trabajas en la escuela Difusión?
5. ¿ ____ se pronuncia la zeta?
6. ¿ ____ estudias español?

- [ ] **a.** Como *thing* en inglés.
- [ ] **b.** Sí, soy profesora de español.
- [ ] **c.** Para pasar las vacaciones en Perú.
- [ ] **d.** *Okey.*
- [ ] **e.** No, solo inglés y un poco de alemán.
- [ ] **f.** Soy Marcos Robles.

20 Verbs ending in -ar. Classify the verbs from the boxes in the table. Then complete the missing forms.

estudiamos	pasáis	trabajo	hablan	estudian	pasas	hablamos	trabaja

	ESTUDIAR	PASAR	TRABAJAR	HABLAR
yo				
tú				
él, ella, usted				
nosotros/as				
vosotros/as				
ellos, ellas, ustedes				

21 Complete the dialogues with the personal pronouns from the boxes.

tú	vosotras	yo (× 2)	ella	ustedes
ellos (× 2)	Nosotros	él	vosotros	

1. • Buenos días, ¿cómo se llaman ____________?
   ▪ ____________ soy Sofía López y ____________ son Marta González y Ricardo Martín.
   • Bienvenidos.
2. • Carmen y Luisa, ____________ estudiáis inglés, ¿no?
   ▪ ____________ estudio inglés para viajar a Latinoamérica, pero Luisa no estudia inglés, ____________ estudia alemán.
3. • Hola, ____________ eres Elena, la amiga de Juan, ¿no?
   ▪ Sí, y ____________ es Tomás, un compañero de la universidad.
4. • ____________ pasamos las vacaciones en Mallorca. ¿Y ____________? ¿Viajáis también a España?
5. • Trabajo con dos colegas peruanos y hablo español con ____________.

22 Typical errors. Replace the words in bold with the correct ones from the column on the right.

1. Me **llama** Paco y estudio en Barcelona. ☐
2. ¿**Cómo** significa "arroz"? ☐
3. ¿Para qué **estudias** usted español? ☐
4. ¿Cómo **se** llamas? ☐
5. Trabajo **a** un hotel en Tenerife. ☐
6. Estudio español para **viajo** a Madrid. ☐
7. Laura y yo **estudian** inglés. ☐

a. te
b. estudia
c. llamo
d. viajar
e. estudiamos
f. Qué
g. en

23 a. La Panamericana. Match the pictures with the words in the boxes. If you need to, you can use the dictionary.

ruinas	tacos	selva tropical	café
volcán	arquitectura colonial	desierto	glaciar

1

2

3

4

5

6

7

8

b. 7 - Which countries can the photos in a be associated with? Listen to the description of the route and match them.

☐ México ☐ Costa Rica ☐ Argentina ☐ Nicaragua
☐ Guatemala ☐ Chile ☐ El Salvador ☐ Ecuador

MUNDO PROFESIONAL

24 Many words look alike in different languages. Underline the ones you know in this word cloud and ask your classmates those you don't.

cliente turismo banco
industria consumo
administración
capital telemarketing
economía catálogo exportación
informática
publicidad producción tecnología
congreso transporte

PRONUNCIAR BIEN

25 a. Accentuation. Read the following text and discuss any questions in class.

You have seen some words with an accent and, no doubt, you have realised that it indicates the stressed syllable. But what happens with words without accents? There are three basic rules. Knowing them will mean that you can pronounce all Spanish words correctly.

- Words that end in a vowel, -**n** and -**s** usually have the stress on the penultimate syllable. Most Spanish words belong to this group: **Cuba**, **personas**, **hablan**.
- Words that end in a consonant (excluding -**n** and -**s**) usually have the stress on the last syllable: **hablar**, **español**, **Madrid**.
- All words that do not follow the two previous rules have an accent on the vowel that needs to be stressed: **Perú**, **Félix**, **Málaga**.

b. 8 - Listen and underline the stressed syllable.

A pe lli do	Cho co la te	U ni ver si dad	Tra ba jan
Mú si ca	Ho tel	Ciu dad	Ho la
Via jar	Gra má ti ca	Nú me ro	Va ca cio nes
In glés	Pro ble ma	Pla ya	

26 9 - What accents are missing? Listen to the following words and underline those with tonic syllables. Add the accents that are missing, according to the rules of accentuation.

1. Chile
2. Islas Galapagos
3. Panama
4. España
5. Ecuador
6. Tenerife
7. America
8. Africa
9. Caribe
10. El Salvador
11. Republica Dominicana
12. Bogota

AUTOEVALUACIÓN

NOW I KNOW HOW TO...	👍	✋	👎
... introduce myself: Me llamo	☐	☐	☐
... ask someone for their name: ¿Cómo .... ?	☐	☐	☐
... greet someone at these times of day: 8:00 .... 15:00 .... 21:00	☐	☐	☐
... say goodbye:	☐	☐	☐
... say why I study Spanish: Estudio español para	☐	☐	☐
... ask the meaning of a word: ¿Qué .... ?	☐	☐	☐
... understand the numbers from 0 to 10 and write them in words: cero, ...	☐	☐	☐
... **pronounce Spanish words correctly:** Argentina, Valencia, Quito, Jerez, Uruguay	☐	☐	☐
... conjugate the regular -ar verbs: yo hablo, tú	☐	☐	☐
... indicate the gender of words and form the plural: el teatro, los .... hotel, ...	☐	☐	☐

....
....
....
....
....
....

2 PRIMEROS CONTACTOS

Communication

- Spelling
- Introduce yourself, ask about marital status and react
- Greet and say goodbye
- Talk about places of origin
- Ask for personal information and answer
- Ask about professions, place of work and answer
- Deny a statement
- **MUNDO PROFESIONAL**
  The contact card

Glossary

- The alphabet
- Greetings and farewells
- Professions
- Workplaces
- Special characters (arroba, guion...)

Grammar

- The indefinite article
- Gender in professions
- Negation • Regular verbs ending in **-er** , **-ir**
- Verbs **tener** and **ser** in the present
- **PRONUNCIAR BIEN**
  The letter **r**

Culture

- **PANAMERICANA**
  México

1 Write sentences using one element from each of the four columns.

Nosotras Ellas Vosotros Ustedes Él Usted Yo Tú	escuchar viajar hablar estudiar trabajar ser	de con a en --	los amigos. España. español. la familia. un hotel. música. Barcelona.

Nosotras hablamos en español.

2 Complete with the pronouns from the boxes.

yo (x 4)	tú	él	usted (x 2)	vosotros

1. • Señora Ribas, ¿es .... la organizadora?
   ▪ Sí, soy ....
2. • ¿.................. sois de aquí?
   ▪ Eduardo sí, pero María y .... somos de Toledo.
3. • Perdón, ¿habla .... inglés?
   ▪ .... no, pero mi amiga sí.
4. • .... eres Ricardo, ¿no?
   ▪ No, ... me llamo Gabriel, Ricardo es ....

3 10 - Listen and tick the correct business card.

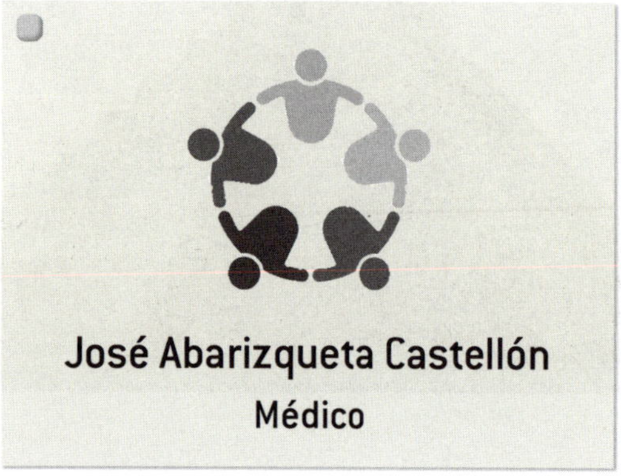

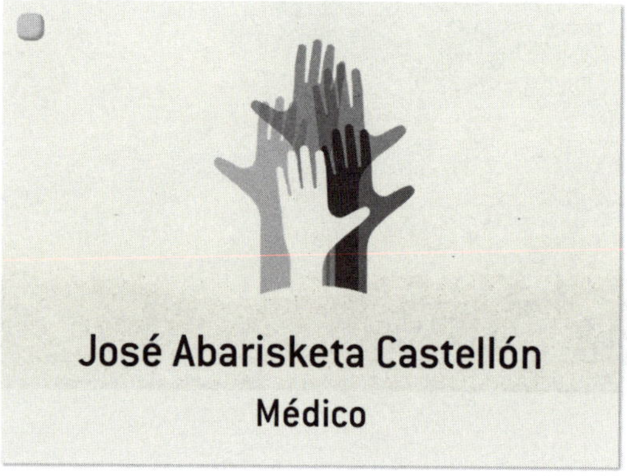

4 a. 11 - First read the sentences. Then, listen to the questions and write down which of the following they refer to.

1. Sí, con acento en la u.
2. Con minúscula.
3. Sí, pero con zeta.
4. No, con uve.
5. Con te y zeta.
6. Con u con diéresis y con doble ele.

b. 12 - Listen and check.

5 Use these keywords to write what each person does for a living.

1. Antonio – estudiar – Medicina – Universidad – Salamanca
   ....
2. Mari Luz y yo – trabajar – hotel – recepcionista - Costa Rica
   ....
3. Mónica y David – Hospital Central – ser – Sevilla – enfermero/a
   ....
4. Sara – ser – empresa informática – director/a general – Santiago de Chile
   ....

6 Find the names of professions. Which people work at the weekend?

policíaprofesorcocineracamarerobomberoenfermeraamadecasamúsicomecánicoempleadadebanco

7 Create questions for the following answers using tú and usted.

TÚ	USTED	RESPUESTAS
		1. Luz María Flores.
		2. Soy profesora.
		3. Soy de Alicante.
		4. Es el 32 58 00 11.
		5. Sí, es luzma@yahoo.com.
		6. No, hablo inglés.
		7. Para viajar a Dublín.

8 13 - Listen to the dialogue and correct the information in the form.

Nombre	Orlando Carlos
Apellido	Gómez García
Ciudad	Santiago de Chile
Móvil	620 711 833
Correo electrónico	orlando.manuel@terra.com
Curso de idioma	Francés

9 Complete the questions and then match them with the answers.

1. Hola, Martín, ¿ .... estás? ☐

2. ¿ .... son tus amigos? ☐

3. ¿ .... trabaja Roberto? ☐

4. ¿ .... viajas a Guadalajara? ☐

5. Claudia, ¿ .... estudias inglés? ☐

6. ¿ .... es el número de teléfono de Pablo? ☐

a. En una escuela de idiomas.

b. Es enfermero.

c. De Venezuela.

d. Muy bien, gracias. ¿Y tú?

e. ¿Del móvil o del teléfono fijo?

f. Para visitar a mis amigos mexicanos.

10 a. Complete the table with these verb forms. Then underline the endings for each person. Which endings are the same in each group? What differences are there?

busco	compráis	reserva	escribimos	aprendo	escribe
visitas	venden	vives	viajamos	viven	aprende
vendes	organizan	escribo	aprendemos	vivís	vendéis

	-AR	-ER	-IR
yo	.....	.....	.....
tú	.....	.....	.....
él, ella, usted	.....	.....	.....
nosotros/as	.....	.....	.....
vosotros/as	.....	.....	.....
ellos, ellas, ustedes	.....	.....	.....

b. 14 - Listen to the verbs from the previous exercise and underline the accented syllable. In which forms is the ending accentuated?

11 a. Complete with the correct form of the verbs.

- Tú ..... (SER) comercial, ¿verdad, Sandra? ¿De dónde ..... (SER)?
- ▪ Soy de Cali, pero ..... (VIVIR) en Bogotá.
- ¿Y dónde ..... (TRABAJAR)?
- ▪ ..... (TRABAJAR) en una empresa que ..... (VENDER) ordenadores.
- ¡Ah! ..... (TENER) un trabajo interesante, ¿verdad?
- ▪ ¡Sí! Mi trabajo ..... (SER) muy interesante.
- ¿Y ..... (VIAJAR) mucho?
- ▪ Sí, y también ..... (ORGANIZAR) seminarios en diferentes ciudades.
- ¡Ah! ¿Y ..... (TENER) compañeros de trabajo simpáticos?
- ▪ Sí, ... (SER) muy simpáticos. Y mi jefa también.
- Un trabajo interesante, compañeros y jefes simpáticos... ¿Cómo se llama la empresa?

b. Summarise what you know about Sandra in a short text.

Sandra es de Cali, pero...

12 Make negative sentences with no, like in the example. Use the appropriate verb.

1. Seat – supermercado – fábrica de coches
2. María José – masculino – femenino
3. Antonio – en una fábrica – en un taller
4. Peter – de Colombia – de Colonia
5. Enrique – profesor – enfermero
6. Fernando – francés – español
7. Teresa – en Madrid – en Barcelona
8. Mi compañera – Isabel – Maribel

1. Seat no es un supermercado, es una fábrica de coches.
2. ....
3. ....
4. ....
5. ....
6. ....
7. ....
8. ....

13 15 - Listen and tick the phrase you hear. Notice the intonation and the pauses.

1. ☐ No, soy economista.
   ☐ No soy economista.
2. ☐ No, es médico.
   ☐ No, no es médico.
3. ☐ No, estudiamos español.
   ☐ No, no estudiamos español.
4. ☐ No, no. Trabajo aquí.
   ☐ No, no trabajo aquí.

14 Read and circle the correct option.

Verónica es **– / una** secretaria y trabaja en **la / una** empresa en Sevilla. Es **la / una** empresa que vende **– / los** instrumentos musicales. Trabaja en **la / una** oficina moderna con **la / una** compañera que es **– / una** secretaria también. **Las / –** chicas viajan mañana a **– / un** congreso para aprender **– / las** cosas nuevas. **Una / La** jefa de las chicas es **– / una** economista. Es **la / una** jefa exigente, pero excelente.

The use of articles

Articles are generally not used with professions.

- Marc es músico.

The article **un/a** is used only to qualify the profession.

- Marc es **un** músico famoso.

15 Read and tick the appropriate answer.

1. • Hola, tú eres Marta, ¿verdad?
   ▪ ☐ Sí, eres Marta.
   ▪ ☐ No, soy de Burgos.
   ▪ ☐ Sí, y tú eres Daniel, ¿no?
2. • Perdón, ¿es usted Pilar Lorente?
   ▪ ☐ Sí, encantada, ¿y usted?
   ▪ ☐ Sí, es Pilar.
   ▪ ☐ Sí, se llama Pilar Lorente.
3. • ¿Cómo estás?
   ▪ ☐ Encantado.
   ▪ ☐ Bien, gracias, ¿y tú?
   ▪ ☐ De Berlín.
4. • ¿La señora Soler, por favor?
   ▪ ☐ Yo me llamo Marisol.
   ▪ ☐ Tú eres Soler.
   ▪ ☐ Soy yo.
5. • Margarita, ¿de dónde eres?
   ▪ ☐ A Granada.
   ▪ ☐ De Granada, ¿y tú?
   ▪ ☐ En Granada.
6. • Buenas tardes, yo soy Luis Pons.
   ▪ ☐ Mucho gusto, y yo Daniel Salas.
   ▪ ☐ Perfecto, ¿y usted?
   ▪ ☐ Encantada, yo soy Antonio.

16 a. Match the professions with the workplaces. Add two more in each column.

1. recepcionista	☐	**a.** hospital
2. camarero/a	☐	**b.** hotel
3. enfermero/a	☐	**c.** banco
4. mecánico/a	☐	**d.** biblioteca
5. bibliotecario/a	☐	**e.** restaurante
6. economista	☐	**f.** taller
7.	☐	**g.** ....
8.	☐	**h.** ....

b. Now match the photos with the professions in a.

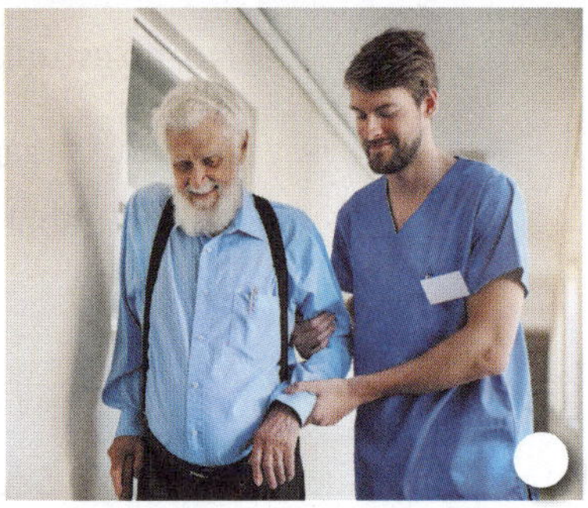

17 Complete Julio's job description with the correct verb forms.

aprender	escribir	estudiar	hablar (× 2)	organizar	pasar	ser (× 4)	trabajar	viajar	vivir

Me llamo Julio Robles. .... de Córdoba, pero ahora .... en Madrid. .... informático y .... en un banco. .... textos para la página web y .... cursos de informática para los empleados. También .... por teléfono con clientes y con otros bancos de Europa y Latinoamérica. El trabajo .... interesante porque siempre .... cosas nuevas. Para el trabajo .... importante hablar inglés. También .... italiano porque .... las vacaciones en Italia con mi familia. Además, ... francés en una escuela de idiomas. Mañana .... a Bilbao con unos colegas para un congreso sobre la digitalización.

18 Marta has signed up for a tango class in Buenos Aires. Complete the form.

Apellidos	Ciudad	Idiomas	Dirección	Teléfono	País	Correo electrónico

ESCUELA LA PLATA

Nombre:	: Marta
....	: López Cortés
....	: Calle Cervantes, 25
....	: Cádiz
....	: España
....	: 956 45 22 90
....	: martalocor@yahoo.es
....	: inglés, alemán

Curso intensivo:

☐ 1 semana (20 horas) ☒ 2 semanas (40 horas)

Actividades opcionales:

☒ visita a Córdoba ☐ excursión a la Patagonia

19 Can you identify the pattern? The letters in gray indicate a workplace.

1. López, Ramos, Ribas
2. inglés, español, alemán
3. amigos, colegas, niños
4. guitarra, piano, saxofón
5. Luisa, Carmen, Antonio
6. economista, ingeniero, policía
7. Sevilla, Valencia, Santiago

Lugar de trabajo: ....

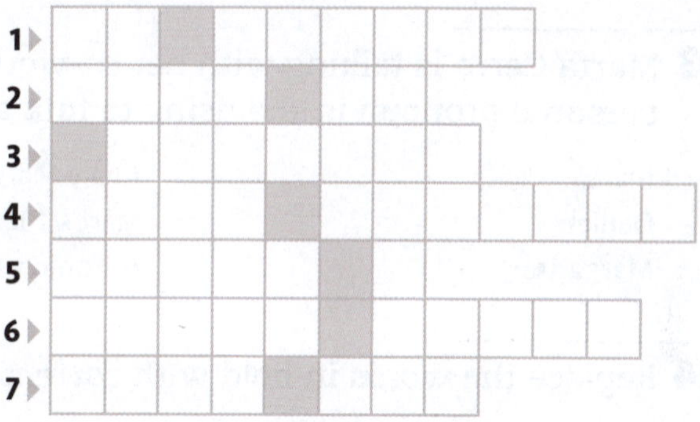

20 Classify the professions in the table according to their gender.

economista	cocinera	pianista	cantante	arquitecta
profesora	peluquero	camarero	bibliotecaria	informático
empleada	representante	dentista	policía	enfermera

MASCULINO	FEMENINO	MASCULINO Y FEMENINO
....	....	economista
....	....	....
....	....	....
....	....	....
....	....	....
....	....	....
....	....	....

21 Complete the table with the conjugation of these verbs.

	BUSCAR	VENDER	ESCRIBIR	SER	TENER
yo					
tú					
él, ella, usted					
nosotros/as					
vosotros/as					
ellos, ellas, ustedes					

22 Read and complete the text with the verb ser or tener in its proper form.

"Buenas tardes y bienvenidos al congreso. Yo .... Marta Cerro y él .... Marc Martí. Nosotros .... los organizadores del congreso sobre la digitalización. Este año .... un programa muy interesante. En los documentos ustedes .... el programa y el número de teléfono de Marc. Él .... la información sobre las actividades del congreso.
Laura Olabarrieta .... la secretaria. Ella .... de Bilbao y .... información sobre la ciudad, hoteles y restaurantes, etc.
Muchas gracias."

23 Marta Cerro is talking with her co-worker Daniel about the conference. What personal pronoun is she using to talk about these people?

Marta: *yo*
Daniel: ....
Margarita: ....
Ana y Margarita: ....
Marc y Marta: ....
Antonio y Ricardo: ....
Gabriel y Ana: ....
Ana y Marta: ....
Marc: ....

24 Replace the words in bold with correct ones from the column on the right column.

1. Hola, **me llama** Ana Rodríguez. ☐
2. Usted **eres** Estrella Díaz, ¿verdad? ☐
3. Buenos días, **la** señora Castro. ☐
4. Buenas tardes, señor Soler, ¿cómo **estás**? ☐
5. María trabaja en **un** Hospital Central. ☐
6. Laura y tú **son** de Bilbao, ¿verdad? ☐
7. Sofía y yo **tienen** un trabajo interesante. ☐
8. ¿**Dónde** son ustedes, señores? ☐

a. –
b. sois
c. está
d. de dónde
e. tenemos
f. me llamo
g. es
h. el

25 Panamericana: México. Answer these questions. Then check with the text on pages 36 and 37 of the Student Edition.

1. ¿Dónde trabaja Víctor? ¿Qué profesión tiene?
2. De qué lengua indígena vienen las palabras **tomate** y **cacao**?
3. ¿Cómo se llaman los grupos de música mexicana tradicional?
4. Nombra un director de cine mexicano de fama internacional.
5. ¿De qué civilización antigua son los monumentos de Chichén Itzá y Uxmal?
6. Da dos ejemplos de la gastronomía mexicana.

MUNDO PROFESIONAL

26 a. **Create your new identity with elements from the table. Complete the contact card.**

Mónica Díaz Roviria Mercedes Herrera Rico Javier Ortega Baz Carlos Santos García	arquitecto/a profesor/a de inglés dentista representante
m-dr@hotmail.es M.HR@net.org info@web.com productos@asf.com	56 89 20 68 10 66 34 81 15 28 04 24 66 44 55 69

\+ + + + + + CONTACTOS + + + + + +

Nombre:

Profesión:

Dirección: C/ Santa Ana, 11 (28012)

Ciudad: Madrid

Teléfono:

Correo electrónico:

b. **Then ask a classmate for their details to complete the contact card.**

\+ + + + + + CONTACTOS + + + + + +

Nombre:

Profesión:

Dirección:

Ciudad:

Teléfono:

Correo electrónico:

27 16 - **Listen to this telephone call and correct the information that is wrong on the business card.**

TECNOCHIP
SERVICIOS INFORMÁTICOS
Analía González
Técnica

Avenida Orinoco, 19 » 1010 Caracas
tel. 0212 / 991 85 57 » anago@tecno.com

PRONUNCIAR BIEN

28 a. **The pronunciation of r. Read the following text and discuss any questions in class.**

Do you find it difficult to pronounce the Spanish sound **r**? You can practise this by bringing the tip of your tongue up so that it touches the roof of your mouth just behind your teeth (like to pronounce the letter **l**). Bend the tip slightly, say **lilılili** first, then **ririririri**. Slowly vibrate your tongue. If you practise, you will get it.

b. 17 - **Listen to these tongue twisters. Can you repeat them correctly?**

Tres tristes tigres comen trigo en un trigal.

Rosa Rosales cortó una rosa.
¡Qué roja la rosa de Rosa Rosales!

Rita Rizo reza ruso,
ruso reza Rita Rizo.

AUTOEVALUACIÓN

NOW I KNOW HOW TO...

	👍	✋	👎
... introduce myself: Soy	▢	▢	▢
... ask about place of origin and answer: ¿De dónde .... ?	▢	▢	▢
... ask about marital status and reply: ¿Cómo .... ?	▢	▢	▢
... ask about someone's profession and workplace and answer: ¿De qué .... ? Soy	▢	▢	▢
... ask for a phone number and email and answer: ¿Cuál .... ?	▢	▢	▢
... deny a statement:	▢	▢	▢
... spell my name:	▢	▢	▢
... conjugate the irregular verbs ser and tener: yo soy, tú	▢	▢	▢
... conjugate the regular verbs with -er and -ir: yo aprendo, tú .... , yo vivo, ...	▢	▢	▢

3 ME GUSTA MI GENTE

Communication
- Talk about the family
- Talk about a person: physical appearance, character, marital status
- Ask for likes and reply
- Say the date
- Ask someone's birthday and reply
- **MUNDO PROFESIONAL**
  The departments in a company
  Vocabulary about the world of work

Glossary
- Family and personal relationships
- Physical characteristics
- Character adjectives
- Personal tastes
- Numbers up to 100
- Months of the year

Grammar
- Possessives
- Gender and number in adjectives
- Question words
- **Gusta**(**n**)
- **PRONUNCIAR BIEN**
  The letter **j**

Culture
- **PANAMERICANA**
  Guatemala

1 **Cross out all the words that do not refer to people. Then circle those that express family relationships.**

hijo	empleado	marido	hotel	hermana	tortilla	enfermera
padres	naranja	abuelo	médico	peluquero	primo	profesor
directora	quiosco	informática	actriz	bailarina	arroz	compositora
gente	sobrina	estudiante	teatro	amigo	músico	compañera
escuela	nieto	colega	empresa	cantante	representante	

2 **Who is who? Complete the crossword. Then find the word hidden in the coloured boxes.**

1. la hija de tu tía
2. el tío de tu hija
3. el hijo de tu hermana
4. la tía de tus hijos
5. la madre de tus hijos
6. la hija de tu hijo

Palabra oculta: ....

3 a. Read this text and complete the family tree.

> “Yo me llamo Javier y tengo un hermano, Pablo. La mujer de Pablo se llama Amalia. Tienen tres hijos: Carlos, Félix y Anabel. Mi madre, Adela, tiene un hermano, Ricardo, que no tiene pareja. Mi padre es Francisco. Mi mujer, Marisa, y yo tenemos una hija, Carolina.”

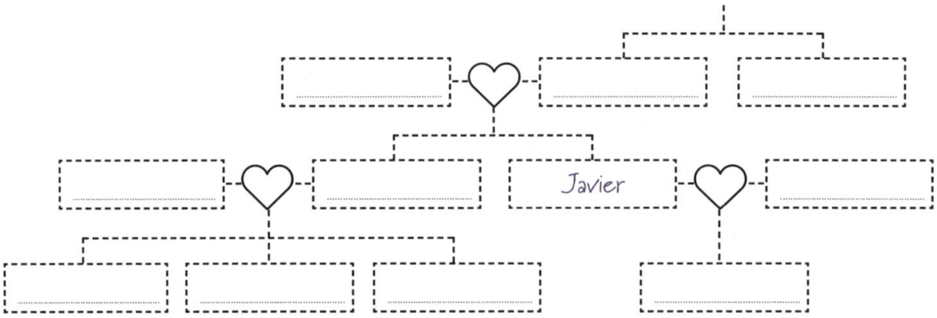

b. Now look at the completed family tree. What is the relationship between these people?

1. Félix y Carlos son los .... de Anabel.
2. Marisa y Javier son los .... de Carolina.
3. Carolina es la .... de Carlos, Félix y Anabel.
4. Ricardo es el .... de Javier y Pablo.
5. Javier es el .... de Marisa.
6. Félix es el .... de Marisa y Javier.
7. Francisco es el .... de Carolina.

4 a. Complete this interview with the corresponding possessives.

- .... familia es muy especial, ¿verdad?
- Sí, ... familia es muy especial. Casi todos trabajan en el circo. Son ya tres generaciones de artistas de circo. Ahora .... tío Javier es el director, pero también .... madre, ... dos hermanos y .... abuelo, de 75 años, trabajan ahí. .... circo es famoso en todo el país.

b. Identify which member of the family is talking with the help of the family tree in a.

5 Continue this series of numbers.

1. seis – doce – veinticuatro – .... – ....
2. noventa – setenta – cincuenta – .... – ....
3. cuarenta y dos – cuarenta y nueve – cincuenta y seis – .... – ....
4. ochenta y ocho – setenta y siete – sesenta y seis – .... – ....
5. quince – treinta – cuarenta y cinco – .... – ....

6 18 - ¿**Cuántos** o **cuántas**? Complete the questions. Then listen and tick the correct numbers.

1. ¿	clases tiene la escuela?	☐ 17	☐ 25
2. ¿	personas trabajan en la escuela?	☐ 39	☐ 49
3. ¿	son profesores o profesoras?	☐ 38	☐ 31
4. ¿	días de vacaciones tienen los profesores?	☐ 26	☐ 22
5. ¿	familias pasan las vacaciones en casa?	☐ 13	☐ 30
6. ¿	estudiantes viven con familias?	☐ 15	☐ 50

7 Arrange the dominoes to form ten pairs of opposites.

- 1 mujer / simpático/a
- bajito/a / delgado/a
- tímido/a / pesimista
- mayor / guapo/a
- moderno/a / hombre
- moreno/a / abierto/a
- gordito/a / joven
- optimista / tradicional
- feo/a / rubio/a
- 2 antipático/a / alto/a

8 19 - Who is it? Listen to the conversation at a party. Can you identify the people?

1 Marta	☐ Dolores	☐ Fernando
☐ Miguel	☐ Victoria	☐ Teresa
☐ María	☐ Rubén	☐ Juana

9 Read these phrases and circle the correct option.

1. Me gusta mucho **el cine** / **las películas**.
2. Me gustan bastante **el teatro** / **los actores españoles**.
3. No me gusta **la ópera** / **los conciertos de rock**.
4. No me gusta mucho **viajar en avión** / **los hoteles con animación**.
5. No me gustan nada **la música pop** / **las personas antipáticas**.

10 a. Tick according to your taste.

el chocolate negro	☐	☐	☐	☐
las vacaciones	☐	☐	☐	☐
aprender español	☐	☐	☐	☐
el fútbol	☐	☐	☐	☐
los conciertos de música clásica	☐	☐	☐	☐
hablar por teléfono	☐	☐	☐	☐

b. Complete with the verb gustar and answer according to your tastes in the table in a.

Sí, mucho.	Sí, bastante.	No, no mucho.	No, nada.

¿Te .... el chocolate negro? ....
¿Te .... las vacaciones? ....
¿Te .... aprender español? ....
¿Te .... el fútbol? ....
¿Te .... los conciertos de música clásica? ....
¿Te .... hablar por teléfono? ....

c. Write about your tastes.

Me gusta mucho...

Me gustan...

No me gusta...

No me gustan...

11 Circle the correct option.

1. Penélope Cruz es una de **mi / mis** actrices favoritas.
2. También **me / mi** gusta Javier Bardem, **su / tu** marido.
3. Los dos son unos de **nosotros / nuestros** actores más famosos.
4. **Sus / Vuestras** películas tienen fama internacional.
5. Penélope tiene una buena relación con Mónica, la hermana de **sus / su** marido.
6. A Javier le gusta mucho el libro de recetas de **su / sus** abuela, *La cocina de los Bardem*.

12 What months do you associate with these photos?

13 Ask your partner for the birthdays of the following people. Take notes.

él o ella
su madre
su padre
su pareja
su(s) hijo(s)
su profesor/a de español

- *¿Cuándo es tu cumpleaños?*
- *Es el 21 de mayo.*
- *¿Y cuándo es el cumpleaños de tu madre?*
- *El 26 de septiembre.*

14 a. **Search for nine family relationship names in the word search (horizontally, vertically and diagonally). Write down the masculine and feminine.**

1. hermana, hermano
2.
3.
4.
5.
6.
7.
8.
9.

H	A	J	O	D	E	H	N	B	I
E	I	U	S	M	P	R	I	M	O
R	E	J	U	U	R	I	E	U	A
M	L	A	O	J	I	U	T	E	S
A	B	T	R	E	S	H	A	L	O
N	I	S	I	R	U	D	A	O	B
A	T	E	N	A	S	A	T	H	R
S	A	A	B	U	E	L	O	P	I
A	B	U	W	D	H	R	M	A	N
V	M	A	D	R	E	T	T	E	O

b. **Who is who?**

1. ¿Quién es la hija de tu hija? Es mi nieta.
2. ¿Quién es la hermana de tu madre?
3. ¿Quién es el padre de la hermana de tu madre?
4. ¿Quién es el hijo de la hermana de tu madre?
5. ¿Quién es el hijo de la madre de tu madre?

15 What adjectives can be used to describe these people? How do you say the opposite?

	ADJETIVO	CONTRARIO
Una persona de 190 cm es	alta	
Una persona de 180 kg es		
Una persona que habla poco es		
Una persona atractiva es		
Una persona positiva es		
Una persona de 95 años es		

16 People, objects or places? What can these adjectives refer to? There can be more than one answer.

	PERSONA	OBJETO	LUGAR
optimista	▢	▢	▢
romántico/a	▢	▢	▢
difícil	▢	▢	▢
elegante	▢	▢	▢
autoritario/a	▢	▢	▢
alto/a	▢	▢	▢
rubio/a	▢	▢	▢

	PERSONA	OBJETO	LUGAR
tímido/a	▢	▢	▢
interesante	▢	▢	▢
original	▢	▢	▢
famoso/a	▢	▢	▢
alegre	▢	▢	▢
italiano/a	▢	▢	▢
antipático/a	▢	▢	▢

17 The right word. Replace the words in bold with the correct word from the column on the right.

1. **Mis** hermana tiene dos hijos. ▢
2. Me **gusta** las películas románticas. ▢
3. No me gusta **viajo** en avión. ▢
4. Es un hombre **optimisto**. ▢
5. ¿Cuántos años **eres**? ▢
6. ¿**Qué** es tu número de teléfono? ▢
7. ¿**Cuántos** hermanas tienes? ▢
8. ¿Cuándo **tienes** cumpleaños? ▢
9. ¿Pasáis las vacaciones con **vosotros** padres? ▢
10. María Luisa **es** casada y tiene un hijo. ▢

a. está
b. vuestros
c. es tu
d. cuántas
e. viajar
f. mi
g. optimista
h. cuál
i. tienes
j. gustan

18 Match these questions to the appropriate answers.

1. ¿Te gustan las fiestas de cumpleaños? ▢
2. ¿Cuántos años tiene tu hija? ▢
3. ¿Dónde tienes fotos de tu familia? ▢
4. ¿Te gusta Carlos? ▢
5. ¿Cómo es tu nueva jefa? ▢
6. ¿Quién es Javier Bardem? ▢
7. ¿Cuándo es el cumpleaños de tu hermana? ▢
8. ¿Qué hace tu sobrina? ▢

a. Es directora de exportación.
b. Un poco autoritaria.
c. Sí, es muy simpático.
d. El uno de enero.
e. Un actor famoso.
f. No mucho.
g. Veintidós, estudia en la universidad.
h. En el móvil tengo muchas. ¡Mira!

19 20 - Connect the numbers that you hear with a line. What image emerges?

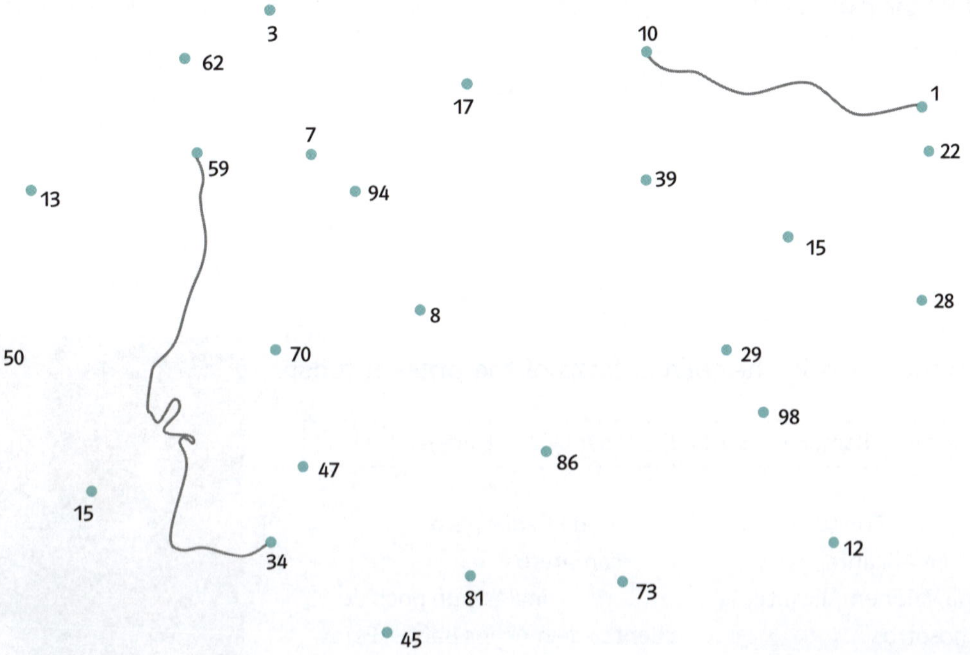

20 Write these numbers in figures, and then arrange them from smallest to largest.

- ☐ noventa y seis 96
- ☐ setenta y dos ....
- ☐ cincuenta y tres ....
- ☐ sesenta y ocho ....
- ☐ quince ....
- ☐ nueve ....
- ☐ treinta ....
- ☐ doce ....
- ☐ veintitrés ....
- ☐ trece ....
- ☐ dos ....
- ☐ diecinueve ....

21 Complete with the correct form of the possessives.

MASCULINO SINGULAR	FEMENINO SINGULAR	MASCULINO PLURAL	FEMENINO PLURAL
.... hijo	.... hija	.... hijos	.... hijas
.... hijo	.... hija	.... hijos	.... hijas
.... hijo	.... hija	.... hijos	.... hijas
.... hijo	.... hija	.... hijos	.... hijas
.... hijo	.... hija	.... hijos	.... hijas
.... hijo	.... hija	.... hijos	.... hijas

22 Complete the table with the adjective endings.

	MASCULINO		FEMENINO	
SINGULAR	un hotel	fantástic........ interesant........ original	una persona	fantástic........ interesant........ original
PLURAL	hoteles	fantástic........ interesant........ original........	personas	fantástic........ interesant........ original........

23 Write an example for each of these interrogatives.

¿Quiénes? ¿Quiénes son esas chicas?
¿Dónde? ¿Dónde vives? / ¿De dónde eres?
¿Quién? ______
¿Qué? ______
¿Cuándo? ______
¿Cómo? ______
¿Cuántos/as? ______
¿Por qué? ______

24 Complete with the verbs in the correct form of the present tense.

gustar (× 2)	hablar	llamarse	ser (× 3)	tener (× 2)	trabajar	vivir

Hola, ______ Enrique y ______ de Cádiz, pero ______ en Alicante. ______ camarero y ______ en la chocolatería Valor en Alicante. ______ inglés y un poco de alemán porque nosotros ______ clientes de muchos países. Estoy casado y ______ dos hijos. Me ______ mi trabajo y el contacto con los clientes. Y claro, también me ______ los productos de la chocolatería, ¡ ______ excelentes!

25 What is it? Tick the appropriate image and underline in the dialogues what helped you make a decision.

1. • ¿Qué tal? ¿Te gusta?
   ▪ Hmm, sí, ¡está buenísima!

2. • ¿Es nueva?
   ▪ No, es de mi hermano. Pero él tiene ahora una eléctrica.

3. • ¡Excelente! ¿Es de aquí?
   ▪ Sí, de Galicia. Es famoso por su aroma exquisito.

4. • Muy interesante, ¿verdad?
   ▪ Sí, es uno de mis favoritos. Romántico y original.

26 Panamericana: Guatemala. Complete. Then read the text on pages 50 and 51 of the Student Edition again and check.

1. Guatemala es un ______ pequeño con una naturaleza fascinante.
2. Tiene la ______ tropical más grande de Centroamérica.
3. Más del 50 % de los guatemaltecos son de ______ indígena.
4. Muchos turistas visitan el ______ de Chichicastenango.
5. Las ruinas de Tikal, en Guatemala, y las de Copán, en Honduras, son ______ con mucha historia.
6. El Salvador es famoso por sus ______.

MUNDO PROFESIONAL

27 What is the function of each department of this company? Describe the functions and then compare your answers with you partner.

Dirección General	el servicio al cliente
Departamento de Recursos Humanos	la estrategia de la empresa
Departamento de Compras	los cursos de formación para los empleados
Departamento de Ventas	los ordenadores
Departamento de Marketing	los balances de la empresa
Departamento de Informática	la publicidad y las relaciones públicas
Departamento de Contabilidad	los asuntos legales
Departamento Jurídico	las llamadas telefónicas
Recepción	el control de materiales

El Departamento de Recursos Humanos es responsable de los cursos de formación para los empleados.

28 You already know lots of words from the world of work. Complete this mind map.

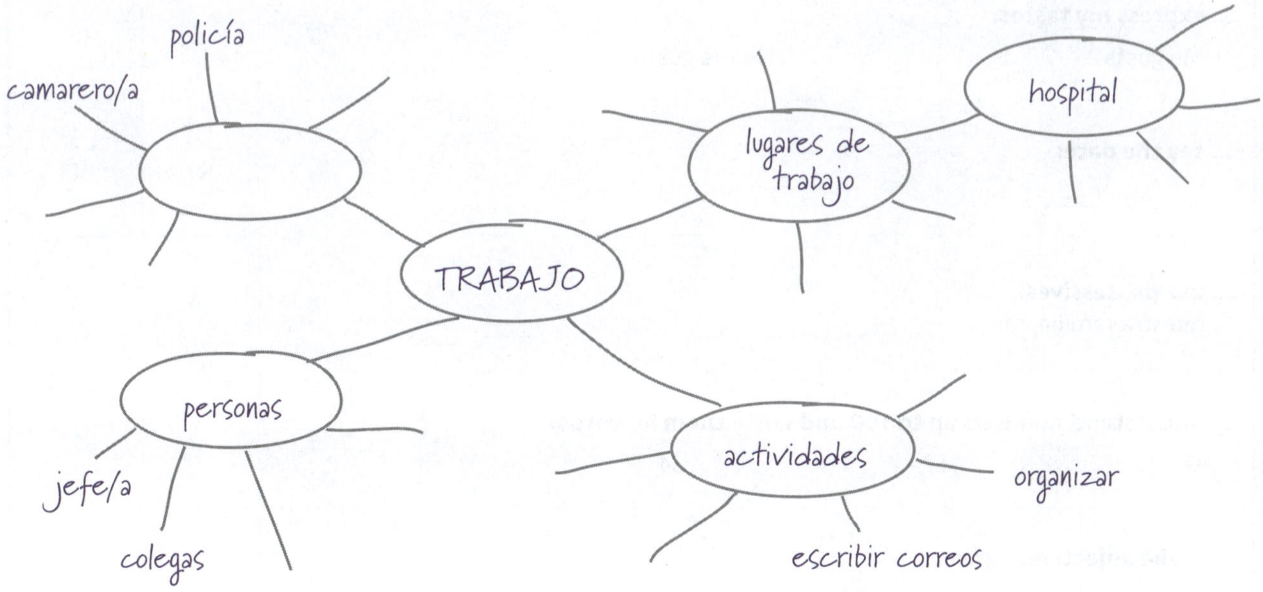

PRONUNCIAR BIEN

29 a. Pronunciation of the letter j. Read the text and discuss any questions in class.

Do you find it difficult to pronounce **Jorge** or **Gijón**? Practise pronunciation with familiar sounds. You sure know how to laugh!

¡JA, JA, JA!

b. 21 – Listen to the tongue twisters. Can you repeat them correctly?

La Bruja Maruja prepara un brebaje,
con cera de abeja, dos dientes de ajo,
cuarenta lentejas y un pelo de oveja.

AUTOEVALUACIÓN

NOW I KNOW HOW TO...	👍	✋	👎
... talk about my family: Tengo .... hermano(s) y	▢	▢	▢
... ask for someone: ¿.................... es .... ?	▢	▢	▢
... ask for an age and answer:	▢	▢	▢
... describe the appearance and the character of a person: Mi jefa es	▢	▢	▢
... express my tastes: Me gusta .... No me gusta	▢	▢	▢
... say the date:	▢	▢	▢
... use possessives: nuestra familia, mi	▢	▢	▢
... understand numbers up to 100 and write them in words: 12 .... , 57 .... , 34	▢	▢	▢
... make adjectives agree: una persona simpátic...... , un trabajo interesant...... , un hombre optimist...... , empresas internacional......	▢	▢	▢

4 MIRADOR

Review unit

1 Read this email and circle the correct answers.

Mensaje nuevo

Hola, Valeria:

¡México **es / está** un país fascinante! Hoy te escribo de Oaxaca. La ciudad es muy **interesantes / interesante** y me **gusta / gustan** mucho. Además **tengo / tiene** aquí ya contactos para **nosotras / nuestra** empresa. Hoy, Isabel y yo **hablamos / hablan** con el director de **un / una** empresa de chocolate. Él vive **a / en** México, pero parte de su familia también **es / está** de Alicante.

¿Y qué tal vosotros? ¿**Trabajan / Trabajáis** mucho? ;-)

¡Hasta pronto!

Pedro

2 22 - Read the dialogues. Then listen to them and tick the correct answer.

1.

- ¿Cuántas personas trabajan en esta oficina?
- Somos .... con el jefe.

a. 5 **b.** 15

2.

- ¿Cómo se escribe el apellido?
- ....

a. Ximénez **b.** Jimeno

3.

- ¿Cuántos empleados tiene la empresa?
- .... Es una empresa muy pequeña.

a. 11 **b.** 12

4.

- ¿Tienes correo electrónico?
- Sí, es ....

a. Ruiz@web.com **b.** Luis@web.com

3 23 - First read the answers a-d and listen to questions 1-3 twice. Then match each question with an appropriate answer.

1. ☐
2. ☐
3. ☐

a. En la biblioteca de la escuela.
b. No me gusta mucho.
c. Es pronto, el 3 de noviembre.
d. Sí, dos hijas: Sofía y María Elena.

4 Read the texts and then choose a title for each.

- ☐ Un autor muy activo.
- ☐ Dos días para bailar.
- ☐ Me llamo como un país.
- ☐ Viaje a Latinoamérica.

1

Mario Vargas Llosa publica otra vez. El tema de su nuevo libro es el amor. A sus más de 80 años el premio nobel de Literatura peruano viaja mucho y habla sobre sus libros y sobre política en congresos y conferencias.

2

Muchas niñas se llaman como su madre o su abuela, pero en Latinoamérica hay también bebés que se llaman Argentina, Bolivia o América. Preguntamos a un padre los motivos: "Mi hija tiene este nombre porque Argentina me gusta mucho, es un país fantástico, y la niña es también una persona fantástica. Además, para nosotros, este nombre es como música".

3

El músico de Puerto Rico Luis Fonsi, autor de la famosa canción "Despacito", visita muchas ciudades de España para presentar sus nuevas canciones. El uno y el dos de abril Luis Fonsi viene a Madrid y Barcelona. Las entradas para estos conciertos ya están en www.ticketbox.com.

5 You want to do the Camino de Santiago and are looking for company. Complete this contact form.

Contactos

AMIGOS DEL CAMINO DE SANTIAGO

NOMBRE	
APELLIDOS	
LUGAR DE RESIDENCIA	
PAÍS	
EDAD	AÑOS
PROFESIÓN	
CORREO ELECTRÓNICO	
NÚMERO DE TELÉFONO	

5 COMER CON GUSTO

Communication
- Buy food
- Ask the price
- Talk about quantities and packaging
- Ask for something in a bar
- Find out about food
- Refer to something mentioned
- Ask about the time and tell the time
- Time of day and time
- Express frequency
- **MUNDO PROFESIONAL**
  A business lunch: make a reservation

Glossary
- Food
- Quantities and measurements
- Packaging

Grammar
- Direct object pronouns
- The impersonal **se**
- Numbers from 100
- Verbs with vowel change (**e → ie**, **o → ue**)
- The time (**Es** la una / **Son** las dos)
- **PRONUNCIAR BIEN**
  The letter **s**

Culture
- Tapas
- The lunch menu
- Bars in Spain and opening hours
- **PANAMERICANA**
  Costa Rica

1 Circle the foods that you know how to say in Spanish and write their name. Then choose three foods that you are interested in and look for them in the dictionary.

Tomate

2 Match the questions with the appropriate answers. What questions does the client ask (C) and which ones the seller (V)? Mark them with C or V.

C V	**1.** ¿Qué fruta tiene?	☐ **a.** Sí, un kilo de manzanas.
C V	**2.** ¿Cuánto quiere?	☐ **b.** No, lo siento. Hoy no tengo.
C V	**3.** ¿Tiene huevos?	☐ **c.** En total son 8,40 €.
C V	**4.** ¿Algo más?	☐ **d.** Un kilo y medio.
C V	**5.** ¿Cuánto cuesta el jamón?	☐ **e.** 14 € el kilo.
C V	**6.** ¿Cuánto es?	☐ **f.** Tengo manzanas, mandarinas, plátanos...

3 24 - Complete the dialogue in the market with the correct forms of the verbs preferir, tener and querer. Then listen and check.

- Aquí tiene los tomates y las cebollas. ¿Qué más ________, doña Aurelia?
- ¿ ________ mandarinas?
- No, lo siento. Pero ________ unas naranjas muy buenas. ¿No ________ probarlas? Están muy buenas.
- ¿Naranjas? No... Hoy ________ manzanas.
- ¿Cuántas ________?
- Medio kilo. Eso es todo, gracias.
- Perfecto. Aquí ________.

4 a. Read the text. What do the words olivo, producción and tonelada mean?

España es el productor de aceite de oliva número uno en el mundo. El aceite de oliva español tiene seis mil (1) años de historia. Es el zumo de la fruta del olivo, un árbol que vive hasta trescientos (2) años. España tiene doscientos ochenta millones (3) de olivos y el ochenta (4) por ciento está en la región de Andalucía.

La producción es de un millón (5) de toneladas; Andalucía exporta ciento veinte mil (6) toneladas a más de cien (7) países en los cinco (8) continentes. Los españoles consumen casi trece (9) litros por persona y año.

b. Write the numbers from the texts in figures.

1. ________ 4. ________ 7. ________
2. ________ 5. ________ 8. ________
3. ________ 6. ________ 9. ________

5 25 - Listen and tick the correct price of each bottle of these exclusive wines.

VINOS FINOS, S. A.

Dominio de Pingus 2000	☐ 790€	☐ 970€
Pingus 2003	☐ 590€	☐ 159€
La Ermita 2002	☐ 393€	☐ 293€
Tinto Pesquera Millenium 1996	☐ 214€	☐ 240€
Vega Sicilia Reserva Especial 1999	☐ 184€	☐ 804€
Artadi Grandes Añadas 2001	☐ 132€	☐ 123€
Finca Garbet 2001	☐ 150€	☐ 115€

6 Complete with the corresponding pronouns. What is the infinitive of these verbs?

él, ella, usted	quiere	querer
	prefieres	
	tienen	
	pruebas	
	podemos	
	aprendéis	
	queremos	
	preferís	
	puedo	
	probáis	
	vivimos	
	soy	

7 26 - Listen and match the dialogues with the food.

☐ bocadillo ☐ tortilla ☐ espaguetis ☐ aceitunas

Prepositions

un bocadillo ~~con~~ **de** jamón

8 a. Choose items from each column to write sentences.

Las naranjas	(no)	**lo**	tienen de pollo y gambas, ¿no?
Las manzanas		**la**	hacemos de jamón y queso.
El té		**los**	prefiero con limón y azúcar.
Los bocadillos		**las**	quiero para zumo.
La paella			tienen fritas o a la plancha.
Las sardinas			prefiero verdes.

Position of pronouns

When the direct object is before the verb, it must be repeated with a pronoun.

- El café **lo** quiero con leche.
- La tortilla **la** prefiero fría.

b. Which phrases are used in a market and which in a bar?

9 Match the food with the container or quantity. Can you add more food to each group?

agua	naranjas	cerveza	azúcar	leche	sardinas
pasta	vino	manzanas	arroz	aceite	mandarinas
atún	mantequillla	cebollas	plátanos	cocacola	

1. una botella de
2. un paquete de
3. una lata de
4. un litro de
5. medio kilo de

10 Note down the products that this person buys.

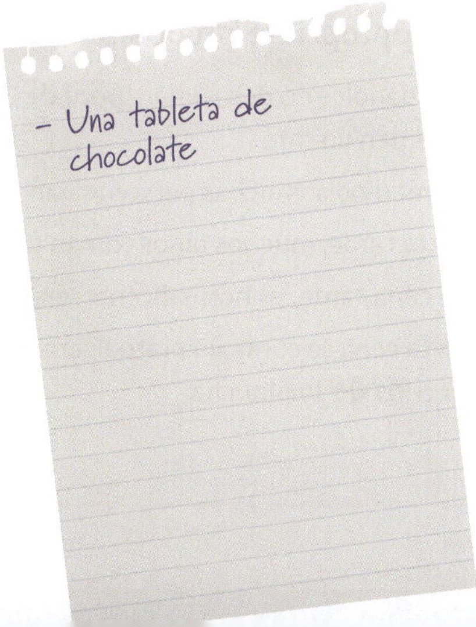

11 a. What words express frequency? Circle them. Then put them in order from least to most..

nunca	enero	todos los días	hoy	pocas veces	también
rápido	siempre	mañana	muchas veces	casi nunca	buenas noches

– +

b. With what frequency do you do these activities?

beber café	escuchar música clásica	viajar en avión	hablar español
hablar por teléfono	comer carne	cenar en un restaurante	
comprar productos biológicos	escribir correos electrónicos	organizar fiestas	

Bebo café todos los días, pero casi nunca como carne.

12 Read the following phrases and decide which verbal forms end in -n. Then tick which country the phrases refer to and discuss it with your classmates.

	ESPAÑA	TU PAÍS
1. Se desayuna .... en casa.	☐	☐
2. Se toma .... tapas con amigos.	☐	☐
3. Se paga .... la cuenta por separado.	☐	☐
4. Se bebe .... mucha cerveza.	☐	☐
5. Se come .... muchas aceitunas.	☐	☐
6. Se toma .... vino en las comidas.	☐	☐

- *En Alemania...*

13 27 - Write the time in words. Then listen to the four dialogues and write down the order.

☐ fiesta: .... (11.00)
☐ avión: .... (6.45)
☐ concierto: .... (9.00)
☐ clase de español: .... (16.30)

14 Circle the appropriate preposition.

1. Muchos españoles no desayunan **por / de** la mañana, pero **a / en** las diez toman un café.
2. **Al / Por** mediodía, muchas personas van **a / en** un bar **para / por** comer algo.
3. **Por / De** la tarde, muchos niños toman un bocadillo **a / de** jamón o queso.
4. La gente cena tarde, es normal cenar **en / a** las diez **de / por** la noche.
5. **En / Por** la cena se come un plato ligero, por ejemplo, tortilla **de / con** patatas o pescado **a / de** la plancha.

Talk about timetables

- **Por** la tarde.
- **A las** cinco **de** la tarde.

15 **Which word is not part of the group?**

1.	lata	botella	bolsa	manzana
2.	tomate	lechuga	manzana	mandarina
3.	sardinas	calamares	pollo	gambas
4.	verdura	aceituna	fruta	carne
5.	lechuga	pan	pasta	patatas
6.	jamón	leche	mantequilla	yogur
7.	leche	zumo	té	plátano
8.	cuchillo	vaso	cuchara	tenedor

16 **Classify the following foods according to the categories. Can you add words to each group?**

jamón	mantequilla	limón	cebolla	naranja	tomate	mandarina
pollo	atún	patata	queso	melón	yogur	lechuga

VERDURA	FRUTA	CARNE Y PESCADO	LÁCTEOS

17 **You want to buy these products. Write a shopping list with the right information about the weight and quantity.**

2 kg

½ kg

1 l

250 g

1½ l

½ kg

dos kilos de...

18 **What combinations are possible? Write them down.**

- una botella de...
- un bocadillo de...
- un zumo de...
- una tortilla de...
- una lata de...
- un paquete de...
- un bote de...

vino	naranja(s)	mantequilla	atún	aceitunas
champiñones	manzana	sardinas	café	leche
arroz	patatas	agua mineral	tomate(s)	fruta
limón	jamón	queso	mermelada	

19 Complete the dialogue with the words and expressions from the boxes.

Tiene	tengo	quiere	Quería	Aquí tiene	Eso es todo

prefiero	me gustan	es	algo más	Cuánto cuestan

- Hola, buenos días. ________ un kilo de patatas.
- Muy bien, aquí las tiene, ¿ ________ ?
- ¿ ________ mandarinas?
- Lo siento, mandarinas no ________ . Pero hay unas naranjas muy buenas.
- No, gracias, no ________ las naranjas, ________ las mandarinas. Deme también un kilo de plátanos.
- Aquí los tiene, ¿ ________ algo más?
- ¿ ________ los aguacates?
- 4 € cada uno.
- Ah, entonces no. ________ . ¿Cuánto ________ ?
- Son 8,20 €.
- ________ . Muchas gracias y hasta la próxima.

20 Match the questions with the correct answers.

1. ¿Cuánto es todo? ☐
2. ¿Qué hora es? ☐
3. ¿Qué llevan las albóndigas? ☐
4. ¿Tiene mandarinas? ☐
5. ¿Cuánto cuestan las patatas? ☐
6. ¿Qué quieren tomar? ☐
7. ¿A qué hora cenas? ☐
8. ¿Cómo quiere las sardinas? ☐

a. A las nueve.
b. 1,30 € el kilo.
c. Salsa de tomate y ajo.
d. A la plancha.
e. Sí, muy buenas.
f. Son las tres menos cuarto.
g. Una cerveza y un agua mineral.
h. Son 5,70 €.

21 Complete these dialogues with lo, la, los and las.

- Quiero un té.
- ¿ ________ quiere con limón?

- Quiero una tortilla.
- ¿ ________ quiere caliente o fría?

- Quiero unos calamares.
- ¿ ________ quiere a la romana?

- Quiero unas aceitunas.
- ¿ ________ quiere verdes o negras?

22 ¿Cuánto/a/os/as? Complete.

¿Cuánt ________ cuestan las mandarinas?
¿Cuánt ________ queso compras?
¿Cuánt ________ huevos tenemos?

¿Cuant ________ es todo?
¿Cuánt ________ pasta necesitamos?
¿Cuánt ________ mandarinas quiere?

23 Complete the table.

QUERER (E → IE)	PODER (O → UE)	ALMORZAR (O → UE)	PROBAR (O → ____)	PREFERIR (E → ____)

24 Complete.

100	....	1000	....
200	doscientos	1001	mil uno
300	....	1010	....
400	cuatrocientos	1100	mil cien
500	....	1999	....
600	seiscientos	10 000	diez mil
700	....	100 000	....
800	ochocientos	1 000 000	un millón
900	....	10 000 000	....

25 Write the hours in the morning and the afternoon in figures.

a. Es la una 01:00, 13:00 .

b. Son las dos y cinco ....

c. Son las cinco y cuarto ....

d. Son las ocho y veinticinco ....

e. Son las cuatro y media ....

f. Son las tres menos veinticinco ....

g. Son las cuatro menos cuarto ....

h. Son las siete menos cinco ....

i. Son las nueve en punto ....

26 Match the questions with the answers and complete them with lo, la, los and las.

1. Deme un kilo de tomates, por favor. ☐

2. ¿Quieres el té con leche? ☐

3. Para mí un vino de la casa. ☐

4. ¿Quién compra las bebidas para la fiesta? ☐

5. ¿Cuándo tenéis vacaciones? ☐

6. ¿Qué tal la tortilla? ☐

a. .... tenemos en agosto.

b. ¿ .... quiere para ensalada o para salsa?

c. .... compra Roberto en el supermercado.

d. No, ... prefiero con limón.

e. Muy rica, ¿ .... quieres probar?

f. ¿ .... quiere blanco o tinto?

27 28 – Listen to an order at the supermarket and complete the form.

28 What time is it?

18:20 Son las seis y veinte de la tarde.

15:10 ……….

22:05 ……….

08:50 ……….

19:15 ……….

11:25 ……….

The time

To specify the time of day without a specific time, **por** is used by in Spain and **en** in Latin America.

- Trabajo **por** la mañana.
- Trabajo **en** la mañana.

29 Read the sentences and correct the mistakes.

1. En Alemania se toma muchos tipos de pan. ……………………………………
2. Me gustan el té con limón. ……………………………………
3. Quería un medio litro de vino, por favor. ……………………………………
4. ¿Cuánta chocolate necesitamos? ……………………………………
5. Son las cuatro por la tarde. ……………………………………
6. ¿Qué lleva las albóndigas? ……………………………………
7. ¿En qué hora cenamos? ……………………………………

30 Read the dialogue and complete it with the verbs from the boxes in the correct form.

gustar (× 2)	llevar	poder (× 2)	preferir (× 2)	probar	tener	tomar

- Aquí …………………… tapas muy ricas: gambas, calamares, patatas bravas...
- ▪ ¿Qué son "patatas bravas"? ¿Son picantes?
- Sí, un poco. …………………… una salsa con mayonesa, kétchup y tabasco.
- ▪ No, entonces …………………… otra cosa, no me …………………… las comidas picantes.
- ¿Qué tal unas gambas? Aquí son fantásticas.
- ▪ Sí, me gustan mucho las gambas.
- ¿Las …………………… a la plancha o al ajillo?
- ▪ A la plancha, es que no …………………… comer ajo. También …………………… probar los calamares, ¿te …………………… ?
- Claro, los calamares a la romana me gustan mucho.
- ▪ Entonces, una ración de gambas y una de calamares. ¿Y qué tomamos para beber? ¿…………………… vino blanco o tinto?
- ▪ No sé. Casi todo es pescado. ¿…………………… el vino blanco de la casa?
- Es verdad, el blanco es mejor. Pues medio litro de vino blanco...

31 Panamericana: Costa Rica. Complete the sentences and then check with the text on pages 68 and 69 of the Student Edition.

1. Los frijoles son un …………………… típico de Costa Rica.
2. Se comen con arroz y huevos o carne en el …………………… .
3. Un …………………… famoso de Costa Rica es el café, que se exporta a todo el mundo.
4. Costa Rica tiene una …………………… fantástica con sus playas, su selva y sus volcanes.
5. En Panamá el famoso canal une el …………………… Atlántico con el Pacífico.

MUNDO PROFESIONAL

32 Veronica has to reserve a table for a business lunch in Toledo. Read the opinions of the participants about their preferences and choose the appropriate restaurant.

MALAGÓN

Avda. Francisco Aguirre, 133
45600 Talavera de la Reina
Tel.: 925 82 64 18

Menú con seis platos diferentes especializado en productos de la región (espárragos y champiñones). Variedad de carnes, pescados y platos vegetarianos.

☐

CASA AURELIO

C/ Sinagoga, 6
45001 Toledo
Tel.: 925 22 20 97

En el centro histórico, deliciosas carnes, fantásticos pescados y la excelente cocina tradicional de Toledo.

☐

El Cantábrico

C/ Dublín, 6
45003 Toledo
Tel.: 925 22 37 49

Más de diez tipos de pescado y mariscos diferentes. Especialidad: arroz.

☐

PRONUNCIAR BIEN

33 a. Vowels and the letter s. Read the text and discuss any questions in class.

Are there long and short vowels in your language? Can the esses be voiced and unvoiced? ? In Spanish, get used to pronouncing short vowels and unvoiced esses. In this way, your way of speaking will be more like that of a Hispanic.

b. 🔊 29 – Listen to how Petra and Pedro pronounce the same words. Then read them imitating Pedro. Practise with your classmate.

casa	tomate	nosotros	persona	sala
famoso	simpático	problema	Eva	

AUTOEVALUACIÓN

NOW I KNOW HOW TO...	👍	✋	👎
... buy food and ask for the price:	▢	▢	▢
... express preferences: Prefiero	▢	▢	▢
... ask for something in a bar:	▢	▢	▢
... ask for information about food: ¿Lleva ....?	▢	▢	▢
... say measurements and quantities: .... de aceite	▢	▢	▢
... ask for the time and say it: ¿....................?	▢	▢	▢
... numbers from 100: 101 ...., 540 ...., 3100	▢	▢	▢
... conjugate the verbs querer, preferir and poder: yo	▢	▢	▢
... refer to something that's already been mentioned: El café, ¿.................... tomas con azúcar?	▢	▢	▢
... express impersonality: En el desayuno .... toman tostadas.	▢	▢	▢

6 POR LA CIUDAD

Communication

- Discover a city
- Ask and say where something is
- Ask for information
- Express need
- Indicate the way
- Ordinal numbers
- Express how to go somewhere
- **MUNDO PROFESIONAL** Abbreviations Weekly agenda

Glossary

- Parts of the city
- Monuments
- Activities in the city
- Means of transport
- Shops and establishments

Grammar

- **Hay**
- **Está(n)**
- Expressions of place
- The use of prepositions **a** and **en**
- Contraction of the article
- Irregular verbs **ser**, **ir**, **estar**, **seguir**
- **PRONUNCIAR BIEN** The accentuation of verbs

Culture

- Seville
- Bogota
- **PANAMERICANA** Colombia

1 Which word is not part of the group? Cross it out and add one more to each group.

1.	restaurante	confitería	cafetería	concierto	
2.	parada de taxis	estación de autobuses	teatro	estación de tren	
3.	centro	calle	barrio	precio	
4.	tradicional	cuadro	histórico	antiguo	
5.	al mediodía	a la plancha	por la tarde	por la noche	
6.	desayunar	almorzar	alcázar	cenar	
7.	lunes	semana	domingo	viernes	
8.	tren	estación	coche	bicicleta	
9.	delante	enfrente	al lado	después	
10.	confitería	panadería	perfumería	frutería	
11.	museo	farmacia	teatro	ópera	
12.	sur	este	centro	oeste	
13.	octubre	martes	marzo	diciembre	

2 a. What is your city like? Complete the sentences with es, está or hay. Then tick the phrases that refer to your city.

- ☐ ________ la capital del país / de la región.
- ☐ ________ muchos parques y jardines.
- ☐ ________ en el sur del país.
- ☐ ________ muchos monumentos y museos.
- ☐ ________ muchas casas altas y modernas.
- ☐ ________ más de 100 000 habitantes.
- ☐ ________ en la montaña.
- ☐ ________ famosa por sus playas.
- ☐ ________ importante para el turismo.
- ☐ ________ un río.
- ☐ ________ en el centro del país.
- ☐ ________ una universidad famosa.
- ☐ ________ una ciudad pequeña.
- ☐ No ________ muchos bares o discotecas.

b. Write a text about your city with the information from a and add more characteristics.

3 Complete the text with ser, estar and hay. What city is it?

________ una capital europea con unos cinco millones de habitantes y ________ en el centro del país. Aquí ________ muchos museos interesantes, por ejemplo, el famoso Prado, uno de los museos más importantes del mundo. En sus dieciséis salas de exposición ________ cuadros de pintores famosos, como Velázquez o Goya. Otro museo muy interesante ________ el Museo Thyssen-Bornemisza, que no ________ lejos. Un museo muy visitado también ________ el Museo Reina Sofía. Ahí ________, por ejemplo, el famoso cuadro *Guernica* de Pablo Picasso. En todos los museos ________ visitas guiadas en español, inglés o alemán.

Pero, además de los museos, ________ muchos lugares atractivos para los turistas: la Plaza Mayor, por ejemplo, ________ una plaza muy bonita con muchos cafés y restaurantes. Y para descansar, el Retiro ________ un lugar ideal, ________ un parque muy grande que ________ en el centro de la ciudad.

¡________ una ciudad fantástica! ¡Tienes que visitarla!

4 a. **Write the name of the shops or places where you can do these activities.**

1. Hacer la compra. ________
2. Comprar pan. ________
3. Pedir un plano de la ciudad. ________
4. Enviar cartas o paquetes. ________
5. Comprar medicinas. ________
6. Ver una película. ________

b. **Choose four of the activities from a and write about how often you do them.**

Hago la compra en el supermercado una vez por semana.

5 a. **Complete the sentences with the help of the map of the mall.**

1. • ¿Dónde hay ________?
   ■ Al lado de los servicios. ¿La ves?
2. • Por favor, ¿dónde está ________?
   ■ Está aquí cerca, justo a la izquierda de la zapatería.
3. • ¿Dónde está ________? Tengo que comprar algo para el cumpleaños de Juan.
   ■ Ahí, muy cerca de la zapatería.
4. • ¿Quieres comer algo?
   ■ Sí, mira, allí hay ________, entre el cine y la farmacia.
5. • ¿Tienes 20 euros?
   ■ No, pero allí hay ________, al lado del cine. ¿Lo ves?
6. • Perdone, ¿sabe dónde está ________?
   ■ Sí, está arriba, cerca de la oficina de correos. Lo verá fácilmente, los carritos de la compra están fuera.

b. **Look at the map again and complete. Then compare your answers with your classmates. There are several options.**

1. El supermercado está ________.
2. La zapatería está ________.
3. El punto de información está ________.
4. El restaurante está ________.
5. La oficina de correos está ________.
6. La farmacia está ________.
7. Los servicios están ________.
8. El coche rojo está ________.

6 Where do you go if you need these things?

1. Bebidas, queso, aceite y otros alimentos: Voy a un supermercado.
2. Aspirinas y otros medicamentos: ……………
3. Una blusa y una chaqueta: ……………
4. Unas sandalias: ……………
5. Un sello para enviar una carta a Estados Unidos: ……………
6. Un plano de la ciudad: ……………
7. Un billete de tren: ……………
8. Unos dulces: ……………

7 Write sentences in your notebook about how you go to the following places.

Para ir	de del de la	estación escuela correos hotel Sevilla museo trabajo	a al a la	casa Madrid playa teatro aeropuerto ópera universidad	tomo voy en / a	

8 You are spending a weekend in Barcelona and you want do the following activities. Complete the sentences with the correct verb.

cenar	subir	visitar	descansar	comprar	pasear	ir	probar

ACTIVIDADES RECOMENDADAS PARA EL SÁBADO POR LA TARDE

- ★ …………… al parque de atracciones Tibidabo.
- ★ …………… por el centro histórico.
- ★ …………… de compras a la zona peatonal.
- ★ …………… la Sagrada Familia.
- ★ …………… cerámica en las Ramblas.
- ★ …………… dulces típicos en la confitería Reñé.
- ★ …………… en un restaurante del barrio Gótico.
- ★ …………… en el parque Güell.

9 **Match the questions with the corresponding answers.**

1. ¿Está cerca la catedral?
2. ¿A qué hora cierra el Museo Arqueológico?
3. ¿Cómo puedo ir al Castillo de Santa Bárbara?
4. ¿Dónde hay una farmacia por aquí?
5. ¿Dónde está la estación de tren?
6. ¿Dónde podemos pedir un plano de autobuses?
7. ¿Me puede recomendar un bar de tapas?
8. ¿Cuándo hay visitas guiadas por el centro?

a. En la oficina de turismo.
b. Sí, son solo diez minutos a pie.
c. Hay una detrás del bar Paco.
d. A las ocho de la tarde.
e. A pie o en el autobús 54.
f. Dos veces al día, a las 11 h y a las 15 h.
g. La Bodega, en la calle Luceros.
h. Está en el centro, a quince minutos de aquí.

10 **Complete the dialogue with the appropriate words.**

bajar (× 2)	línea	parada	dirección	tomar	cambiar

- Perdone, ¿cómo puedo ir al Museo de Arte de Cataluña?
- Mire, puede ir en metro. Tiene que tomar la .... 5 del metro en dirección a Cornellá Centre hasta la parada Sants. Allí tiene que .... a la línea 3 en .... a Canyelles y .... en la Plaza de España, son solo dos paradas.
- Oh, es un poco complicado.
- También puede .... el autobús. Allí, delante del quiosco hay una .... Puede tomar el 50 o el 61 y .... en la Avenida del Estadio. Allí está el museo.

11 **a. Virginia is visiting her friend Regina in Alicante for the first time. Follow the description on the map and mark where her friend lives.**

Desde la estación, tomas la Avenida de la Estación. Sigues todo recto y cruzas una plaza grande, la Plaza de Luceros. En la plaza giras a la derecha y tomas la Avenida Federico Soto. Después tomas la segunda calle a la izquierda: es la calle del Teatro. Sigues hasta el número 33 y ya estás en mi casa. Está enfrente del aparcamiento.

b. Now it's your turn. In front of the tourist office (i) on Rambla de Méndez Núñez, someone asks you how to get to the station. Describes the route in your notebook with the help of the map.

12 **Circle the appropriate option.**

1. Yo soy **a / de** Toledo, pero vivo **a / en** Madrid.
2. **De / Por** la mañana voy **a / en** la universidad **con / en** autobús o **a / en** pie.
3. **A / En** las dos voy **al / en el** bar con mis compañeros y compañeras de clase y después voy **a / en** casa.
4. Una vez **en / por** semana voy **al / en el** cine y dos veces **al / del** año voy **al / en el** teatro.
5. Mañana voy **a / en** Toledo **con / en** tren **a / en** las cinco **de / por** la tarde.
6. **Para / Por** ir **a / en** la estación tengo que bajar **a / en** la segunda parada.

13 a. Can you identify these world cities?

1. Una ciudad en el sur de Alemania, famosa por la Fiesta de la Cerveza.
2. Una ciudad famosa por sus cafés, por el río Danubio y por la ópera.
3. Una capital europea llena de bicicletas y famosa por sus canales.
4. Una ciudad famosa por la moda y sus museos. Su torre de metal es otro símbolo característico.
5. Una capital latinoamericana en una isla.
6. Una capital latinoamericana, la ciudad del tango.
7. Una metrópolis moderna en Asia que tiene muchos habitantes.
8. Su catedral es el punto final de un camino famoso en el norte de España.

- ☐ Ámsterdam
- ☐ Buenos Aires
- ☐ París
- ☐ Múnich
- ☐ La Habana
- ☐ Viena
- ☐ Santiago de Compostela
- ☐ Tokio

b. Now identify the cities by the images and write the name of each one.

a. ....

b. ....

c. ....

d. ....

e. ....

f. ....

g. ....

h. ....

c. Add information on each one of these cities. If you need to, you can check the information on the internet.

a. ....

b. ....

c. ....

d. ....

e. ....

f. ....

g. ....

h. ....

14 What are these places called?

1. Donde se espera al taxi o al autobús.
2. Lugar de trabajo de médicos y enfermeras.
3. Tienda que vende naranjas, manzanas, plátanos...
4. Aquí los turistas pasan la noche.
5. Lugar verde, con bancos y muchos árboles.
6. Lugar importante para las finanzas y el dinero.
7. Para comprar medicamentos se puede ir a una...
8. Vamos a este lugar cuando queremos comer.
9. Tienda que vende pan y cruasanes.
10. Lugar de cultura, aquí trabajan actores y actrices.
11. Calle grande e importante.

Solución: ....

15 What verbs can be combined with these words or expressions?

1. ....
en coche
a la playa
de compras

2. ....
un café
el aperitivo
el autobús

3. ....
todo recto
por esta calle
hasta la próxima parada

Tomar algo

In Spanish it is correct to say **beber un café**, but **tomar** is more common.

- ¿Tomamos un café?

16 Complete this irregular verb table with verb forms from the boxes and add the missing ones.

voy | pueden | pedís | sigo | prefieres | van | podemos | seguís | pide | preferimos

	IR	PEDIR	SEGUIR	PREFERIR	PODER
yo					
tú					
él, ella, usted					
nosotros/as					
vosotros/as					
ellos, ellas, ustedes					

17 a. Circle the appropriate option.

1. ☐ El hotel Colón no **es / está / hay** lejos.
   ☐ La estación **es / está / hay** enfrente de correos.

2. ☐ En la Plaza de España **es / está / hay** un banco y un museo.
   ☐ El banco **es / está / hay** enfrente del museo.

3. ☐ La persona busca la estación de autobuses.
   ☐ La estación de trenes **es / está / hay** lejos.
   ☐ Tiene que **seguir / tomar / girar** la primera calle a la derecha.
   ☐ Luego tiene que **pedir / poder / girar** a la izquierda.

b. 30 – **Listen to three conversations from the street and tick which phrases from a apply.**

18 Look at the picture of this city and decide which information is correct and which is incorrect. Then correct the incorrect information.

	VERDADERO	FALSO
1. El Museo de Arte Moderno está en la Plaza de España.		
2. En la Avenida Cervantes hay una farmacia.		
3. Enfrente de correos hay una frutería.		
4. El Teatro Nacional está en la calle Mayor, al lado del cine.		
5. Hay una biblioteca en el Paseo de las Acacias, a la derecha de correos.		
6. La universidad está enfrente del restaurante.		

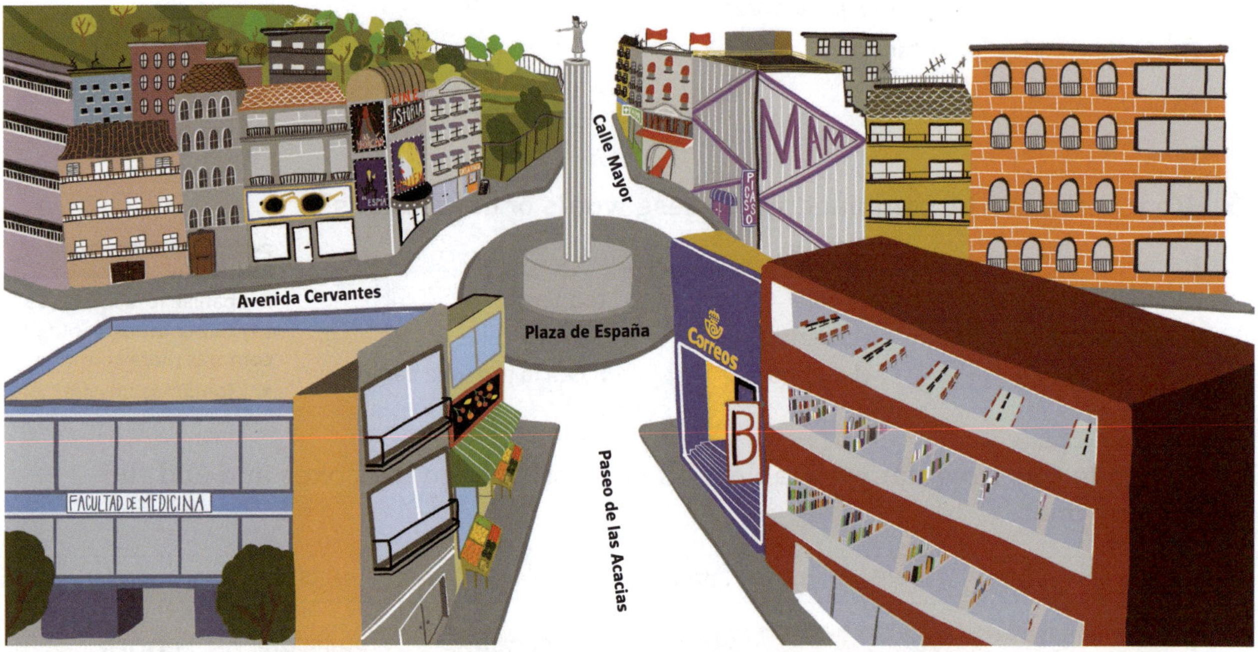

19 Correct the errors in these sentences with words from the column on the right.

1. En el barrio de Santa Cruz **están** muchos bares.
2. Mis padres **son** en Barcelona.
3. ¿Se **puede** comprar sellos en el hotel?
4. Sevilla **está** una ciudad con mucho ambiente.
5. Medellín **es** en Colombia, ¿verdad?
6. ¿Tengo que cambiar **para** la línea verde?
7. La farmacia está al lado **con** la perfumería.
8. **En** el domingo hacemos una excursión.

a. de
b. –
c. hay
d. pueden
e. a
f. está
g. es
h. están

20 Panamericana: Colombia. Answer and then check them with the text on pages 82 and 83 of the Student Edition.

1. ¿Cuales son las tres pasiones de los colombianos y colombianas?
2. ¿De qué ciudad colombiana es la cantante Shakira?
3. ¿Cómo se llama la ciudad colombiana famosa por su carnaval?
4. ¿Dónde vive la mayoría de la gente en Colombia?
5. ¿Qué diferencia hay entre calles y carreras?
6. ¿Cómo se llama el pintor y escultor colombiano famoso por sus figuras gordas?

MUNDO PROFESIONAL

21 Read the addresses and complete the list with the frequently used abbreviations.

....	señor	Pl.	plaza
....	señora	dcha.	derecha
Sres.	señores	....	izquierda
....	avenida	....	número
....	calle	....	primero

22 a. A very stressful week. Write down what Nuria Ribas has to do this week..

	LUN	MAR	MIE	JUE	VIE	SAB	DOM
8:00 - 10:00	Llamar a Marc Martí	¡Banco!	9:00 Reunión: G. Vargas	Preparar presentación Berlín		Supermercado	
10:00 - 12:00						Cumpleaños Daniel	
12:00 - 14:00			Clase de alemán				Comida con mamá
14:00 - 16:00					Congreso Berlín		
16:00 - 18:00	18:00 dentista			Taxi aeropuerto			
18:00 - 20:00		Curso de yoga				Cine con Sara	

El lunes por la mañana tiene que llamar a Marc Martí y a las seis de la tarde...

b. Circle the work appointments in Nuria's diary for the week.

PRONUNCIAR BIEN

23 a. The accentuation of verbs. Read the text and discuss any questions in class.

You already know the regular verbs ending in -**ar**, -**er**, -**ir**, the irregular verbs with vowel change (**e→ie**, **o→ue**, **e→i**) and you know that the endings of the verbs in a group are the same. That is why it is enough to learn the endings to be able to conjugate many more. However, we often focus on the ending and stress it, but it is only correct in the 1st and 2nd person plural. Remember that syllables that undergo a vowel change are always stressed. For example: **quiero**, **prueba**, **siguen**.

b. 31 – Read the verb forms and underline the stressed syllable. Then listen and check.

sigo – sigues – sigue – seguimos – seguís – siguen
puedo – puedes – puede – podemos – podéis – pueden
prefiero – prefieres – prefiere – preferimos – preferís – prefieren

AUTOEVALUACIÓN

NOW I KNOW HOW TO...	👍	✋	👎
... describe a city: Mi ciudad es ______ . Hay ______ .	▢	▢	▢
... ask and say where something is located: ¿______ un banco por aquí? El teatro ______ en la plaza.	▢	▢	▢
... ask for information at the tourist office: ¿Sabe si ______ ? ¿Dónde ______ ?	▢	▢	▢
... indicate the order of something: Primero, ______	▢	▢	▢
... describe the route with means of transport: Voy en ______ al trabajo.	▢	▢	▢
... describe the route: ↱ ______ ↰ ______ ↑ ______	▢	▢	▢
... name the days of the week: lunes, ______	▢	▢	▢
... indicate the position of something: ______ , ______ , ______	▢	▢	▢
... say with what frequency something is done: una vez ______ semana, ______	▢	▢	▢
... conjugate the verb ir and the verbs with vowel changes e → i: yo voy ______ yo sigo ______			

7 EL PLACER DE VIAJAR

Communication
- Book a hotel room
- Ask for information
- Express agreement and disagreement: **A mí también**, **A mí tampoco**, **(Pues) A mí sí**, **(Pues) A mí no**
- Expressions of frequency
- Time markers
- Address someone to complain, apologize, accept an apology
- **MUNDO PROFESIONAL** Plans

Glossary
- Types of accommodation and services
- Leisure and tourism
- Complaints

Grammar
- Indirect object pronouns
- **Mucho/a/os/as, muy, mucho**
- Irregular verbs with **-g-** in the first person
- The past perfect
- Irregular participles
- **PRONUNCIAR BIEN** The sounds /p/, /t/ and /k/

Culture
- Mallorca
- Cuba
- **PANAMERICANA** Ecuador

1 What do you like doing when you are on vacation?

ver monumentos | visitar museos | ir a la playa | ver una galería de arte | no hacer nada | pasear por el centro histórico | hacer senderismo | subir una montaña | nadar | tomar el sol | practicar deporte | ir a un concierto | ir en bicicleta | probar la comida típica | dormir en hoteles de 5 estrellas | ir de camping | alquilar un coche | dormir

ME ENCANTA	ME GUSTA	NO ME GUSTA

2 Read the hotel receptionist's answers and write the possible questions from the client.

- ● ....
- ■ Sí, tenemos una individual con baño.
- ● ....
- ■ No, es exterior, pero la calle es muy tranquila.
- ● ....
- ■ 90 euros.
- ● ....
- ■ No, lo siento, no está incluido en el precio.
- ● ....
- ■ Claro, está detrás del hotel.
- ● ....
- ■ Por supuesto, con sauna y *jacuzzi*.

3 Read and circle the correct option.

- ¿Tienen ustedes ya alguna idea sobre el viaje? ¿Qué **les / los** gusta más, el mar o la montaña?
- A nosotros **– / nos** encanta la montaña, claro.
- ¿Cómo que "claro"? ¡Tú sabes que a mí no **me / mí** gusta nada la montaña! Y a los niños **los / les** gusta el mar.
- ¡Qué dices! A Juan **le / lo** encanta caminar.
- Sí, caminar **se / le** gusta mucho, pero en la playa.
- Bueno, bueno, pero a Félix y a mí **me / nos** encanta pasear por la montaña.
- ¡Pero Antonio! A Félix solo **le / te** interesa ir a la montaña con sus amigos...
- No se preocupen. Tengo una opción ideal para su viaje...

4 Complete the sentences with the missing pronouns.

1. A Nina .... encanta el nuevo programa informático, pero yo lo encuentro muy difícil, ¿y tú?
2. A mí .... encanta trabajar con música, pero no es posible en la oficina.
3. A mi compañera y a mí no .... gusta mucho la nueva oficina.
4. ¿A ti no .... molesta el ruido de la calle para trabajar?
5. ¿A vosotros .... interesa esta presentación?
6. ¿A ti .... gusta el nuevo catálogo? ¡A mis colegas .... encanta!
7. A mi jefa solo .... interesan los resultados de ese proyecto.
8. A mis jefes no .... gusta comer en la oficina.

5 a. 32 - Listen to the conversations and note down the order.

- ☐ comer mucho ajo
- ☐ comprar un cuadro
- ☐ ir en avión
- ☐ hacer senderismo
- ☐ ir a la sauna
- ☐ probar un vino

b. 32 - **Listen to the dialogues again and tick if people have different tastes or the same.**

	1	2	3	4	5	6
= gustos iguales	☐	☐	☐	☐	☐	☐
≠ gustos diferentes	☐	☐	☐	☐	☐	☐

6 Write two possible reactions to these phrases according to the emojis.

1. A mí me encanta ir en bicicleta.
   - 😀 ....
   - ☹ ....
2. Tengo un trabajo muy interesante.
   - 😀 ....
   - ☹ ....
3. No me gusta comer carne.
   - 😀 ....
   - ☹ ....
4. Quiero pasar las vacaciones en casa.
   - 😀 ....
   - ☹ ....

7 Tick the correct options to complete the questions.

1. ¿Dónde puedo alquilar...?
   - ☐ una bicicleta
   - ☐ un coche
   - ☐ una sombrilla
   - ☐ un bocadillo
2. Por favor, quería...
   - ☐ un billete.
   - ☐ una semana.
   - ☐ una ensaimada.
   - ☐ una cama extra.
3. ¿A qué hora sale el próximo...?
   - ☐ tren
   - ☐ taxi
   - ☐ autobús
   - ☐ avión
4. ¿Está incluido/a...?
   - ☐ el / la camarero/a
   - ☐ el desayuno
   - ☐ la vuelta
   - ☐ la comida
5. ¿Me puede decir dónde hay un/a...?
   - ☐ parada de taxis
   - ☐ aire acondicionado
   - ☐ mercado
   - ☐ oficina de correos
6. ¿Nos ponen... para nuestro hijo?
   - ☐ una cama
   - ☐ una cocina
   - ☐ una silla
   - ☐ una bicicleta

8 a. What are the advantages of staying in an apartment or in a family home?

	APARTAMENTO	CASA DE UNA FAMILIA
1. Salgo cuando quiero, también por la noche.	☐	☐
2. Invito a mis amigos/as a dormir.	☐	☐
3. No tengo que cocinar.	☐	☐
4. No tengo que dar explicaciones si no quiero comer.	☐	☐
5. Pongo la música que me gusta.	☐	☐
6. Tengo que seguir las reglas de la casa.	☐	☐
7. Puedo hablar con gente en las comidas.	☐	☐

b. And you, what do you prefer? Discuss it with a classmate.

- *Prefiero vivir con una familia porque...*

9 **a.** What activities have you done many times, a few times or never? Classify the words and expressions from the boxes.

bailar salsa | dormir en la playa | pasar las vacaciones en un hotel rural | ir en moto | nadar en el Mediterráneo | hacer senderismo en los Pirineos | comer ensaimadas | hacer una excursión por una isla | trabajar el domingo | escuchar un concierto al aire libre | reservar un hotel en una agencia de viajes | hacer un viaje organizado

MUCHAS VECES	ALGUNA VEZ	NUNCA

b. Now compare your answers with other people.

- *Yo he bailado salsa muchas veces.*
- *Pues yo nunca he dormido en la playa.*

10 **a.** Complete the sentences with the verbs from the boxes using the past perfect.

alquilar | conocer | escribir | estar | gustar | hacer (× 2) | pensar | ser | ver

1. ☐ Josefina y Sonia .... en Cuba.
2. ☐ (Ellas) .... a muchas personas simpáticas.
3. ☐ El viaje .... muy bonito.
4. ☐ Josefina y Sonia .... un coche.
5. ☐ Y .... toda la isla.
6. ☐ Ellas .... muchas postales.
7. ☐ Y .... muchas fotos.
8. ☐ Les .... mucho el Ballet Nacional de Cuba.
9. ☐ Ellas .... un curso de baile.
10. ☐ Josefina no .... mucho en su exmarido.

b. 33 – Listen to the description of the trip and tick the two sentences in a that are not correct.

11 Complete this text about Havana with muy, muchos/a/os/as.

Actualmente, ______________ turistas van a Cuba porque hay ofertas ______________ buenas. ______________ gente visita la capital, La Habana, una ciudad ______________ alegre.
En ______________ barrios de la ciudad hay casas que son ejemplos maravillosos de arquitectura colonial.
La Habana tiene ______________ hoteles y también ______________ museos y galerías de arte.
El barrio de El Vedado es ______________ antiguo y para ______________ cubanos es el centro de la vida de la ciudad.
Tiene ______________ tiendas y discotecas y también ______________ bares y restaurantes. Otro lugar ______________ famoso es el malecón. A los turistas les gusta ______________ pasear por esta avenida junto al mar Caribe.

12 Read the phrases and choose the appropriate response.

1. Me gustan los hoteles con gimnasio. ☐
2. Muchas gracias, señor, muy amable. ☐
3. Lo siento. Ha sido un error. ☐
4. No me interesa el arte moderno. ☐
5. ¿Quiere algo más? ☐
6. ¿Qué tal? ☐

a. A mí tampoco.
b. No, gracias. ¿Cuánto es?
c. No pasa nada.
d. De nada.
e. Bien, ¿y tú?
f. A mí no.

13 How do you react in these situations? Uses expressions to complain.

1. Has reservado una habitación con vistas al mar, pero te dan una que da a la calle.

____

____

2. Te dan un bocadillo de queso, pero has pedido uno de jamón.

____

____

3. Has reservado tres entradas para el teatro. Te dan solo dos.

____

____

4. Has alquilado un coche. El aire acondicionado no funciona.

____

____

5. Estás en un hotel y te quieres duchar, pero no hay agua caliente.

____

____

14 Write all the possible combinations using the words in the boxes.

fotos	senderismo	una bicicleta	una habitación	una excursión	la cama	un apartamento
la maleta	café	deporte	una mesa	un coche	entradas para el teatro	un viaje

reservar: ......

hacer: ......

alquilar: ......

15 Complete the phrases with the words in the boxes. Then mark if they correspond to a client (C) or a hotel employee (E).

un error	coche	entradas para el teatro	formulario
vistas al mar	el desayuno	un técnico	un problema

1. ¿Dónde puedo comprar ......? ☐
2. Lo siento, ha sido .... ☐
3. ¿Está incluido ......? ☐
4. Perdone, ahora mismo viene .... ☐
5. Mire, es que tenemos .... ☐
6. ¿Dónde podemos alquilar un ......? ☐
7. ¿Puede completar este ......? ☐
8. Queremos una habitación con .... ☐

16 Which word does not belong to each group? Why?

1. costa | montaña | naturaleza | río
2. hotel | alojamiento | pensión | camping
3. jardín | piscina | bañera | terraza
4. cama | dormitorio | salón | cocina
5. silla | mesa | sofá cama | mueble
6. avión | medio de transporte | bicicleta | tren

17 Complete the table.

GUSTAR		
A mí	......	
A ti	......	
A él / ella / usted	......	gusta viajar.
A nosotros/as	......	gusta**n** los viajes.
A vosotros/as	......	
A ellos / ellas / ustedes	......	

18 Read the travel brochures and match them to the features.

- ☐ vuelo incluido
- ☐ pensión completa
- ☐ hotel de 3 estrellas
- ☐ viaje en grupo
- ☐ viaje en barco
- ☐ visitas guiadas
- ☐ desayuno incluido
- ☐ traslado desde el aeropuerto

19 Complete the table.

	ACUERDO	DESACUERDO
• Viajo mucho. • Me gusta Cuba.	■ Yo también. ■	♦ .... ♦ A mí no.
• No bebo café. • No me gusta el jazz.	■ .... ■ A mí tampoco.	♦ Yo sí. ♦ ....

20 Complete the table with the verbs in the present tense.

	HACER	PONER	SALIR	TRAER	DECIR	VENIR
yo	hago	....	....	....	....	....
tú	....	....	sales	....	....	vienes
él, ella, usted	....	....	....	....	dice	....
nosotros/as	....	....	....	traemos	decimos	....
vosotros/as	....	ponéis	....	....	decís	venís
ellos, ellas, ustedes	....	....	....	....	dicen	vienen

21 Complete the table with the verb haber and the correct participle endings.

	HABER **EN PRESENTE**	**PARTICIPIO**	
yo	....		
tú	....		
él, ella, usted	....	viaj........	verbos en -**ar**
nosotros/as	....	com........	verbos en -**er**
vosotros/as	....	viv........	verbos en -**ir**
ellos, ellas, ustedes	....		

22 Complete with the infinitive or the irregular participle.

abrir	....	escribir	....	ir
abierto	dicho	....	hecho	....
....	poner	....	ver	....
leído	....	sido	....	vuelto

23 Complete the sentences with muy, mucho/a/os/as.

1. Hemos viajado .... en autobús, que aquí se llama guagua.
2. El tiempo pasa .... rápido, mañana ya tenemos que tomar el barco para volver a Barcelona.
3. En el norte de la isla hay .... rutas para hacer senderismo.
4. Las ciudades mayas nos han impresionado ....
5. Tienes que probar las ensaimadas, un dulce .... rico, típico de aquí.
6. Hemos probado el ron, pero no nos gusta .... y los cigarros tampoco.
7. A .... gente le encanta la capital con su centro histórico y su catedral con vistas al mar.
8. Todavía no he comprado .... regalos y tengo .... poco tiempo.

24 Read and tick all the correct options.

1. • Me encantan los viajes organizados.
   - ▪ ☐ Yo también.
   - ▪ ☐ A mí no.
   - ▪ ☐ A mí también.
2. • En las vacaciones hago deporte.
   - ▪ ☐ Yo también.
   - ▪ ☐ Yo no.
   - ▪ ☐ Yo sí.
3. • No me gustan los hoteles muy grandes.
   - ▪ A mí tampoco.
   - ♦ ☐ A mí también.
   - ♦ ☐ A mí sí.
   - ♦ ☐ Pues yo no.
4. • Esta semana he descansado mucho.
   - ▪ ☐ Yo sí.
   - ▪ ☐ Yo no.
   - ▪ ☐ Yo también.
5. • Mi marido y yo no viajamos mucho.
   - ▪ ☐ Nosotros sí.
   - ▪ ☐ Nosotros no.
   - ▪ ☐ Nosotros tampoco.
6. • Me interesa mucho el arte moderno.
   - ▪ A mí también.
   - ♦ ☐ A mí también.
   - ♦ ☐ Yo no.
   - ♦ ☐ Yo tampoco.

25 Panamericana: Ecuador. Complete and then check with the text on pages 96 and 97 of the Student Edition.

1. Ecuador es el ________ productor ________ en Latinoamérica.
2. Las haciendas son ________.
3. Las haciendas de la ruta del cacao ofrecen ________.
4. Las islas Galápagos están en el ________, a casi 1000 km del continente.
5. En las islas Galápagos hay ________.
6. Por Catequilla pasa ________.
7. La ciudad más grande de Ecuador es ________.
8. Hay que visitar Quito porque ________.

MUNDO PROFESIONAL

26 These are Elisa's plans for the first day of her holiday. Write what she has already done and what she hasn't done yet.

✓ tomar un café en el jardín
enviar un mensaje a Bea
✓ dormir la siesta
comprar unas gafas de sol
✓ hacer deporte
✓ volver a la tienda y cambiar el regalo
llamar por teléfono a los padres
✓ escribir un correo al jefe
hacer la comida
✓ ver un reportaje sobre La Habana
leer el periódico
✓ jugar con los niños al fútbol

Elisa ya ha tomado... ________

PRONUNCIAR BIEN

27 a. The sounds /p/, /t/ and /k/. Read the following text and discuss any questions in class.

In some languages, the pronunciation of the consonants **/p/**, **/t/**, **/k/** is aspirated, that is, they are pronounced with a slight puff of air. But, in Spanish, no. Pronounce the words **papá**, **tomate** and **kilo** with the palm of the hand 10 cm from the mouth. Do you notice the breath in the palm? Try to pronounce them without being noticed.

b. 🔊 34 – Read and listen to the following tongue twisters and repeat them.

Poquito a poquito Paquito empaca poquitas copitas en poquitos paquetes.

Compro pocas copas, pocas copas compro y como compro pocas copas, pocas copas pago.

Que si patatín, que si patatán.

AUTOEVALUACIÓN

NOW I KNOW HOW TO...			
... book a hotel room: ¿Tienen ....?	☐	☐	☐
... express preferences: A mí me gusta	☐	☐	☐
... express agreement and disagreement: A mí	☐	☐	☐
... ask for information: ¿Dónde puedo ....?	☐	☐	☐
... recount experiences in the past: Esta semana he ido	☐	☐	☐
... complain and apologize: Perdone, ...	☐	☐	☐
... use indirect object pronouns: A mis padres no .... gusta la playa.	☐	☐	☐
... conjugate irregular verbs with -g- in the first person: yo hago, ...	☐	☐	☐
... form the past perfect: he visitado, ...	☐	☐	☐
... differentiate between muy and mucho: Tengo .... colegas .... simpáticos. Los quiero	☐	☐	☐

....

....

....

....

....

....

8 MIRADOR

Review unit

1 **Read the email and tick the correct word in each case.**

Mensaje nuevo

Querido Matías:

Por fin [1] en Valencia. El viaje ha sido [2] largo, porque desde el aeropuerto de Barcelona a Valencia he ido [3] autobús.

La pensión me gusta [4] y para comer no hay problema porque al lado [5] un bar. Pero también [6] ir al centro en diez minutos a pie.

Como [7] interesa la historia [8] he visitado el Monasterio de Puig. Pero ya sabes que también me gusta la naturaleza, por eso el fin de semana [9] hacer una excursión al parque natural de La Albufera, que [10] a pocos kilómetros de la ciudad.

¡Hasta pronto!

Alejandro

1. ☐ estoy ☐ soy
2. ☐ muy ☐ mucho
3. ☐ en ☐ con
4. ☐ muy ☐ mucho
5. ☐ está ☐ hay
6. ☐ se puede ☐ se puedo
7. ☐ me ☐ se
8. ☐ todavía ☐ ya
9. ☐ quiero ☐ tengo
10. ☐ es ☐ está

2 35 - **Read the sentences first and listen to each text twice. Then mark if the sentences are true (V) or false (F). Correct the false sentences.**

1. Estás en el aeropuerto y quieres tomar un avión para ir a París. Escucha lo que dicen:
   ☐ Tienes que ir a la puerta C58.
2. Preguntas a alguien en la calle cómo puedes ir a la catedral. Escucha lo que te dicen:
   ☐ No está muy cerca, pero se puede ir a pie.
3. Preguntas en un hotel por el desayuno. Escucha lo que te dicen:
   ☐ El desayuno se puede tomar en la cafetería.
4. Preguntas en un restaurante cómo son las albóndigas. Escucha lo que te dicen:
   ☐ Las albóndigas de la casa llevan poco ajo.

3 36 – **Read answers a-e first and listen to questions 1-4 twice. Then match each question with the appropriate answer.**

1. ☐
2. ☐
3. ☐
4. ☐

a. No pasa nada.
b. A mí tampoco.
c. A mí no.
d. Yo también.
e. No, eso es todo.

4 **Read the text and mark if the sentences are true (V) or false (F).**

UNIVERSIDAD DE VALENCIA
CURSOS DE ESPAÑOL

Queridos estudiantes:

Este domingo ofrecemos una excursión al Monasterio del Puig y todavía hay plazas libres. El autobús sale a las 9.30 de la puerta de la universidad. Si somos un grupo de más de veinte, la entrada cuesta solo cinco euros con el carné de estudiante. Si no, la entrada cuesta siete euros.

¡Hasta mañana!
Los profesores Ana Rodríguez y Enrique Cuesta

1. ☐ Todos los estudiantes de español visitan el domingo el monasterio.
2. ☐ Hay un precio especial para grupos.
3. ☐ La visita normal cuesta cinco euros.

5 **Your friend Gabriel is interested in doing a Spanish course at the University of Valencia. Help him to write the email.**

Quiere saber:
- cuándo empieza el curso por la mañana
- si ofrecen excursiones
- si hay habitaciones individuales

Mensaje nuevo

Estimados señores y señoras:

Me llamo Gabriel Lindberg y me interesan los cursos de español de la Universidad de Valencia, pero tengo algunas preguntas. Primero...

9 CAMINANDO

Communication
- Talking about clothes and colours
- Talking about materials
- Point to something
- Describe a daily routine
- Describe a process
- Give advice
- Compare something
- Talk about the weather
- **MUNDO PROFESIONAL**
  Recommendations for a job interview
  Tips for the first day of work

Glossary
- Clothes
- Colours
- Materials
- Climate

Grammar
- Comparison
- Reflexive verbs
- The verb **conocer** in the present
- The direct object of a person
- Demonstratives
- **Estar** + gerund
- Some irregular gerunds
- **PRONUNCIAR BIEN**
  The final **e**

Culture
- The Camino de Santiago
- The Inca trail
- **PANAMERICANA**
  Peru

1 With what colour do you associate the following things? Classify them according to the corresponding colour. Can you add one more item for each colour?

tomate	café	limón	plátano	lechuga	mar
azúcar	ajo	sol	piscina	árbol	noche
cielo	leche	gazpacho	manzana	pan	
selva	chocolate	maíz	aceituna	tabaco	

BLANCO	AMARILLO	ROJO	AZUL	VERDE	MARRÓN	NEGRO

2 What's in your wardrobe? Use one element from each column to form possible combinations. Remember that the endings should agree.

un una unos unas muchos muchas	camiseta anorak sombrero pantalones falda camisa sandalias zapatos jersey gafas de sol blusa abrigo	

Tengo un sombrero marrón y muchas camisetas blancas.

3 Read the sentences and find out the information about these three men.

1. Uno de los hombres tiene 24 años.
2. El que tiene 18 años es estudiante.
3. Juan Carlos tiene 45 años.
4. Dos son morenos y uno es rubio.
5. El menor de los tres lleva una camiseta blanca.
6. Bruno es más joven que Rubén.
7. El informático lleva una chaqueta verde.
8. El rubio tiene 24 años.
9. El camarero lleva una camisa roja.
10. El mayor es informático.

Mayor, menor

Mayor and **menor** are also used in relation to age.

- el mayor = el que tiene más edad
- el menor = el que tiene menos edad

	NOMBRE	EDAD	PROFESIÓN	ROPA	PELO
1.					
2.					
3.					

4 Complete the phrases with the help of the information in the table. Do you think it's real data?

	Buenos Aires	México	Lima	Madrid	Nueva York
Hamburguesa	2.39 $	2.81 $	2.93 S/	3.76 €	4.93 $
Billete de autobús	0.40 $	0.41 $	0.40 S/	1.65 €	2.20 $
10 minutos en taxi	1.15 $	1.10 $	1.28 S/	3.95 €	4.67 $
Entrada de cine	8.58 $	3.58 $	4.90 S/	9.45 €	11.00 $
Litro de leche	1.24 $	1.13 $	1.22 S/	0.90 €	0.86 $

1. Una entrada de cine es .... cara en Buenos Aires .... en Madrid.
2. Un litro de leche cuesta .... en México .... en Nueva York.
3. Las hamburguesas .... caras se comen en Nueva York.
4. Un billete de autobús es .... barato en Lima .... en Buenos Aires.
5. Un viaje en taxi de diez minutos cuesta .... en Buenos Aires .... en Lima.
6. Nueva York es la ciudad .... cara para viajar en autobús.
7. El viaje en taxi .... caro se puede hacer en México.
8. En Buenos Aires se pueden comer las hamburguesas .... baratas.

5 37– **Listen to the experiences of these pilgrims and then complete the sentences.**

1. Los peregrinos se llaman .... y ....
2. Él es .... y ella es ....
3. Recorrer el camino ha sido maravilloso, pero también ....
4. Para ella, la última etapa ha sido ...., pero para él la que va de Astorga a Ponferrada.
5. La etapa más dura ha sido para ella ...., pero para él ....
6. La etapa entre Burgos y Carrión de los Condes es ....

6 Write the noun or the corresponding verb.

VERBO	SUSTANTIVO	SUSTANTIVO	VERBO
almorzar	el almuerzo	la cena	
desayunar		la bebida	
comer		el viaje	
cocinar		el trabajo	
ducharse		la ida	
entrar		la vuelta	

7 a. Complete the phrases and write the hours in words.

1. 8.00 levantarse
A las ocho se levanta.
2. 8.10 ducharse
3. 08.25 desayunar
4. 08.45 ir a la universidad
5. 14.00 comer
6. 17.00 volver a casa
7. 19.30 hacer deporte
8. 22.30 acostarse

b. 38 - Listen and write down the things that Miguel has done differently today.

Hoy se ha levantado a las doce.

8 Use elements from each column to form possible questions.

¿Cómo	acostarse	en el examen?
¿A qué hora	levantarse	en el sofá?
¿Es verdad que	cansarse	los fines de semana?
¿Siempre	ducharse	en las excursiones?
¿Cuándo	concentrarse	antes del desayuno?
¿Por qué	relajarse	en el trabajo?
¿Por qué no	aburrirse	todos los días?
	sentarse	después de comer?

Antes, después

- antes de la comida = antes de comer
- después de la comida = después de comer

- ¿Cómo te concentras en el examen?
-
-
-
-
-
-

9 Cross out the preposition a when it is unnecessary.

Querido Alberto:

¿Qué tal estás? Ya hemos llegado a Sevilla y hemos visitado a Rosa, la hermana de Juan. Tiene a tres hijos muy simpáticos y por fin he conocido a su marido. También hemos visitado a monumentos famosos, por ejemplo, a la Giralda, y hemos comido a unas cosas deliciosas, porque Rosa conoce a los mejores bares. Mañana hacemos una excursión a la costa para conocer a los pueblos de la región y queremos probar a la cocina tradicional. ¡Ah! A la niña le he comprado unos zapatos para bailar flamenco y a ti también te llevamos a un regalo.

Besos,

Manolo y Celia

The preposition a

A goes before the direct object when it is a person, except with the verb **tener**.

- ¿Conoces **a** mi marido?
- Tengo ~~a~~ dos hijos.

Remember that **a** is used in many more cases, for example with the indirect object or to indicate direction.

10 Read these conversations and match them to the pictures.

1.
- Me encantan **esos** pantalones.
- ▪ A mí también, pero tengo muchos. Mira, **esta** chaqueta es muy bonita.
- Sí, ¿cuánto cuesta?

2.
- ¿Has visto **esos** pantalones? Son bonitos, ¿verdad?
- ▪ Sí, y **esa** chaqueta tampoco está mal.

3.
- ¿Te gustan **estos** pantalones?
- ▪ No mucho, la verdad. ¿Qué tal **esta** chaqueta?
- Me gusta, pero es muy cara.

11 🔊 39 – Listen to the following phrases and tick what they are talking about.

1. ☐ unos pantalones ☐ una mochila
2. ☐ unos espaguetis ☐ un bocadillo
3. ☐ un autobús ☐ una chica
4. ☐ una tarta ☐ un café
5. ☐ unos zapatos ☐ unas camisetas
6. ☐ un anorak ☐ una falda

12 Read and complete the sentences with estar + gerund in the right person. Remember that there are several options in the order of the pronouns.

1. • ¿Puedo hablar con Jorge?
   ▪ Lo siento, en este momento no. Es que .... (DUCHARSE).
2. • Chicos, ¿estáis preparados para la excursión?
   ▪ Sí, ya .... (PONERSE) los zapatos y el anorak.
3. • ¿Vienen los niños a comer?
   ▪ Sí, vienen enseguida. .... (LAVARSE) las manos.
4. • ¿No es Juan, el novio de Teresa?
   ▪ ¿Quién? ¿El chico que .... (LEVANTARSE)?

13 You are in a shop and you want to buy a sweater. Complete the conversation.

- Buenos días. ¿En qué puedo ayudarle?
- ▪ ....
- ¿De qué color lo quiere?
- ▪ ....
- ¿Le gusta este?
- ▪ ....
- ¿Y este verde?
- ▪ ....
- ▪ Lo siento, pero solo lo tenemos en verde.
- ▪ ....
- 39 euros.
- ▪ ....

14 What are these people doing?

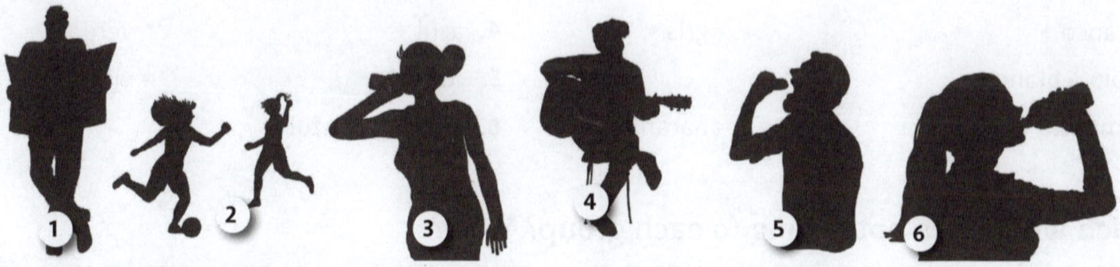

1. Está leyendo el periódico.

15 Mary and her family go on a trip. Answer the questions in the past perfect using estar + gerund, like in the example. Notice the position of the pronoun in each case.

1. • María, ¿has hecho ya las maletas?
   ▪ Sí, ya las he hecho.
   Estoy haciéndolas. / Las estoy haciendo.
2. • ¿Se han duchado ya los niños?
   ▪ ....
3. • Pedro, ¿has hecho ya el desayuno?
   ▪ ....
4. • ¿Los niños han preparado ya sus mochilas?
   ▪ ....
5. • María, ¿has puesto ya los pasaportes en la mochila?
   ▪ ....
6. • Pedro, ¿has pedido ya un taxi?
   ▪ ....

The position of pronouns

Pronouns usually go before the verb.
- ¿Las maletas?
- Ya las he hecho.

With the gerund, they can go before or after the verb.
- Las estoy haciendo.
- Estoy haciéndolas.

16 How do you say… in Spanish? Write it in your notebook.

1. 25°
2. 
3. 
4. 
5. 
6. 
7. 
8. 
9. 

17 Carmen is preparing a trip to the mountains. Write the name of each item and then tick which ones she needs for her trip.

☐ .... ☐ .... ☐ ....
☐ .... ☐ .... ☐ .... ☐ ....
☐ .... ☐ .... ☐ .... ☐ ....

18 The maths of colours. Read and complete with the corresponding colours.

1. blanco + ... = gris
2. rojo + blanco = ...
3. amarillo + ... = naranja
4. azul + ... = verde
5. rojo + ... = violeta
6. amarillo + azul = ...

19 Which word does not belong to each group? Why?

1.	falda	mochila	pantalón	sombrero
2.	camisa	jersey	anorak	ropa
3.	primavera	otoño	enero	verano
4.	sol	viento	calor	llueve
5.	peregrino	albergue	hotel	pensión
6.	me levanto	me ducho	me gusta	me acuesto

20 40 - Listen and write the name of each person.

1. ....
2. ....
3. ....
4. ....

21 Read, relate and write correct sentences for each situation in your notebook.

Para ir a una fiesta Para un congreso Para una excursión al campo Para un día en la playa Para dar un paseo	(no) conviene se recomienda es mejor (no) es necesario	llevar ponerse	ropa una mochila crema solar un sombrero zapatos	negro. rojo. elegante. cómodo. grande.

Para un congreso es mejor ponerse zapatos elegantes.

22 Read, match and write phrases in your notebook suitable for each situation.

1. ¿Qué tal el tiempo en Santiago?
2. ¿Te gusta este sombrero?
3. Marta, ¿conoces a mi hermano?
4. ¿Te levantas temprano?
5. ¿Dónde está Carlos?
6. ¿Has hecho la cama?

- **a.** Es muy elegante, pero un poco caro, ¿no?
- **b.** Durante la semana sí, ¿y tú?
- **c.** En la cocina, está preparando la cena.
- **d.** Estoy haciéndola.
- **e.** En este momento está lloviendo.
- **f.** No. Encantada.

23 a. Look at the map and write how the weather is in these Spanish regions.

Galicia ....
Andalucía ....
Castilla y León ....
País Vasco ....

b. 41 - **Listen to these people. Where in Spain are they?**

- La Coruña
- Sevilla
- Palma de Mallorca
- Bilbao

24 Matilda has invited some friends to her birthday. Can you identify them?

La persona más alta ha comprado rosas rojas para Matilde. El chico que le ha traído tres botellas de cava se llama Julio y lleva una corbata muy original. Una chica delgada ha hecho una tarta fantástica. El chico rubio y bajito es el hermano de Raquel. Luis es moreno y lleva una camisa azul. La chica morena lleva una falda muy elegante.

	NOMBRE	ASPECTO FÍSICO	ROPA	REGALO
1.				
2.				
3.				

25 Complete the table.

	DUCHARSE	LEVANTARSE
yo	.... ducho	....
tú	.... duchas	....
él, ella, usted	.... ducha	....
nosotros/as	.... duchamos	....
vosotros/as	.... ducháis	....
ellos, ellas, ustedes	.... duchan	....

26 Complete the table.

	MASCULINO	FEMENINO	MASCULINO	FEMENINO
SINGULAR	**este** jersey	________ falda	**ese** jersey	________ falda
PLURAL	________ jerséis	________ faldas	________ jerséis	________ faldas

27 Complete the tables with the verbs in the present tense.

	CONOCER	OFRECER	PRODUCIR
yo	________	________	________
tú	________	________	________
él, ella, usted	________	________	________
nosotros/as	________	________	________
vosotros/as	________	________	________
ellos, ellas, ustedes	________	________	________

28 Read these deals and then complete the sentences.

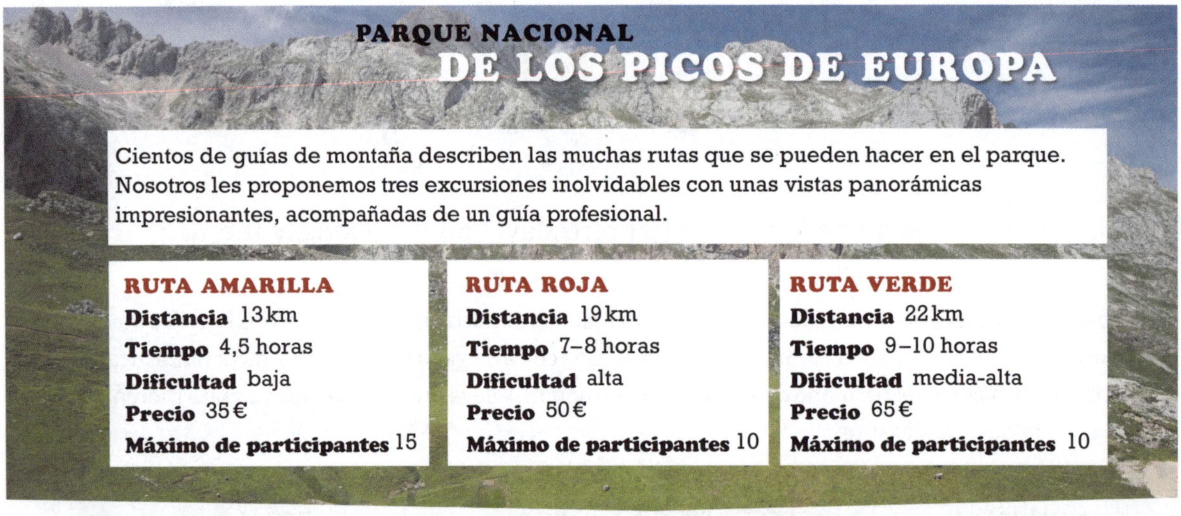

1. La ruta verde es ________ larga ________ la roja, pero no es ________ difícil.
2. La ruta roja es ________ difícil de todas, pero es ________ larga ________ la ruta verde.
3. La ruta roja no es ________ larga ________ la verde, pero es ________ difícil.
4. La ruta amarilla cuesta ________ la roja y es también ________ difícil.
5. La ruta amarilla es ________ corta que las otras y dura ________ tiempo.
6. La ruta verde es ________ cara y ________ larga.
7. La ruta amarilla es la excursión con el ________ número de participantes.
8. La ruta amarilla no es ________ cara ________ la roja y la verde.

29 Panamericana: Perú. What do you know about this country? Read the text again on pages 114 and 115 of the Student Edition and complete.

- Lima ________
- El lago Titicaca ________
- Iquitos ________
- Cusco ________
- El Machu Picchu ________
- La cocina peruana ________

MUNDO PROFESIONAL

30 Read and complete these recommendations for a job interview. There are several options. Then discuss with your classmates if you agree with the recommendations in the text. Explain why.

es importante	es mejor	(no) es necesario	(no) se recomienda	(no) conviene

Antes de la entrevista .... informarse sobre la empresa, por ejemplo, en su página web. El día de la entrevista .... llegar unos diez minutos antes. .... ponerse ropa muy elegante. .... llevar una falda o un pantalón azul o negro con una blusa o una camisa. Durante la conversación con el / la jefe/a de personal .... explicar bien lo que usted ha hecho en su vida profesional y preguntar qué esperan de usted. .... preguntar si tiene que hacer muchas horas extras o cuántas vacaciones puede tomar. Puede hablar de su trabajo actual, pero .... hablar mal de su jefe/a actual.
Ahora usted está preparado/a para realizar la entrevista con éxito.

31 Tomorrow is a friend's first day at work. Give them some tips.

Es importante Es mejor (No) es necesario (No) se recomienda (No) conviene	llegar tarde a la oficina. ponerse ropa nueva y elegante. hablar mucho de su vida privada. aprender los nombres de los colegas. ir a comer con los colegas. hablar por teléfono con amigos/as. comprar un regalo para el / la jefe/a.

El primer día de trabajo no conviene llegar tarde a la oficina.

....

....

....

....

....

PRONUNCIAR BIEN

32 a. The final e. Read the following text and discuss any questions in class.

Unlike what happens in other languages, in Spanish the letter **e** is clearly pronounced (open, short), even in the final position of the word.

b. Without looking at the book or the dictionary, try to make a list of five words that you know in Spanish and that end in -e. Then check that you have written them correctly and practise pronouncing them with a classmate.

AUTOEVALUACIÓN

NOW I CAN...	👍	✋	👎
... make comparisons: El hotel es .... caro .... el albergue.	☐	☐	☐
... describe daily routines: Me levanto a las	☐	☐	☐
... talk about the weather:	☐	☐	☐
... give advice: Es mejor .... Se recomienda	☐	☐	☐
... say what is happening: ¿Qué estás haciendo?	☐	☐	☐
... describe clothes using colours: Tengo unos pantalones .... y una camiseta	☐	☐	☐
... use irregular forms of the comparative: grande - ...., bueno - ...., malo -	☐	☐	☐
... conjugate the reflexive verbs: yo me levanto, ...	☐	☐	☐
... conjugate the verb conocer: yo	☐	☐	☐
... point to something that is within reach or further away: este ...., esa	☐	☐	☐
... form the gerund: visitar - visitando, salir - ...., leer -	☐	☐	☐

10 TENGO PLANES

Communication
- Order in a restaurant
- Ways of preparing food (**frito/a**...)
- Ask for something that is missing
- Evaluate the food
- Describe something
- Make plans, accept and reject a proposal
- Meet someone
- **MUNDO PROFESIONAL**
  A business lunch
  A telephone reservation

Glossary
- Leisure activities
- International products and dishes
- The menu of the day
- Skills

Grammar
- **Ir a** + infinitive
- Preposition + pronoun
- Relative phrases with **que** and **donde**
- Adjectives of nationality
- The use of **saber** and **poder**
- **Otro/a/os/as** + countable nouns
- **Un poco (más) de** + uncountable nouns
- **PRONUNCIAR BIEN**
  The groups of letters **ch** and **ll**

Culture
- In a restaurant
- The importance of going out to eat
- **PANAMERICANA**
  Chile

1 a. Leisure activities. What verb do these words combine with?

hacer	senderismo	....	en el jardín	....	en un coro
....	un instrumento	....	en bicicleta	....	con amigos/as
....	de compras	....	al tenis	....	yoga
....	al ajedrez	....	por el parque	....	el piano
....	al cine	....	al fútbol	....	al gimnasio

b. Choose two leisure activities and write about how often you do them.

Juego al tenis una vez por semana.

---

2 You are visiting Madrid for a weekend with three friends. On Saturday night you write to your brother explaining what you and your friends have done that day and what you are going to do the next day.

✓ visitar el Museo del Prado (todos)
hacer compras en la Gran Vía (Ana y yo)
comer algo en el Museo del Jamón (Ana y yo)
✓ ir a la Puerta del Sol (todos)
pasear por el Parque del Retiro (yo)
✓ ver el estadio Santiago Bernabéu (Felipe y Pablo)
descansar en la Plaza Mayor (yo)
escribir postales (yo)
recorrer la ciudad en autobús turístico (Pablo y yo)

Mensaje nuevo

....
....
....
....
....
....
....
....

3 Some friends write to Alicia to meet up. Read the messages she has received and write Alicia's replies.

1. ¿Tienes ganas de dar un paseo esta tarde?
   ☺ ....
2. ¿Vienes conmigo al cine mañana?
   ☹ ....
3. ¿Tomamos un café después de la clase?
   ☺ ....
4. ¿Te apetece ir a bailar el sábado?
   ☹ ....
5. ¿Por qué no jugamos al tenis este fin de semana?
   ☹ ....
6. ¿Quedamos uno de estos días para ir a la piscina?
   ☺ ....

4 Complete this email with the appropriate pronouns.

la (× 2)	nos	conmigo	con ella	te (× 2)	me

Mensaje nuevo

Hola, Nuria:
Esta semana no .... he llamado, lo siento. Es que mi hermana Ángela está aquí .... en casa durante dos semanas. Estoy pasando mucho tiempo .... porque .... veo muy poco y desde pequeñas a nosotras dos .... encanta estar juntas.
Tú .... conoces. ¿La recuerdas? Es la que vive en Chile.
¡Pero ya ves que no .... olvido de ti! En los próximos días .... llamo y salimos las tres juntas, ¿vale?
Besos, Leti

Prepositions + pronouns

con ~~mí~~ → conmigo
con ~~ti~~ → contigo
con él
con ella
con usted
...

5 Complete this telephone call.

- ¿Dígame?
- *(Saluda y di quién eres).*

....

- ¡Hola! ¿Qué tal?
- *(Pregunta a tu amiga si tiene ganas de ir contigo y con tu hermana a cenar esta noche. Tienes mesa reservada en la pizzería La Traviata).*

....

....

- ¡Buena idea! ¿A qué hora quedamos?
- *(Le propones quedar a las 20 h en el restaurante).*

....

- Sí, me va muy bien, nos vemos allí.
- *(Expresas alegría y te despides).*

....

6 Do you know these dishes? Are they eaten hot or cold? Complete the table and describe them.

	CALIENTE	FRÍO/A	¿QUÉ LLEVA?
gazpacho	☐	☒	tomate y otras verduras
ensalada mixta	☐	☐	
tortilla española	☐	☐	
patatas bravas	☐	☐	
macedonia de frutas	☐	☐	
tarta vienesa	☐	☐	
paella	☐	☐	
albóndigas	☐	☐	

El gazpacho es una sopa que se come fría. Lleva tomate y otras verduras.

7 Circle the correct option.

¿CONOCE USTED LOS RESTAURANTES DONDE / QUE ESTÁN DE MODA EN MADRID?

En el centro le recomendamos el restaurante Sergi Arola, **donde / que** el famoso chef presenta sus creaciones en un ambiente muy exclusivo. En las afueras, usted puede comer en el Antiguo Convento de Boadilla del Monte, **donde / que** se sirven excelentes carnes y platos tradicionales.
Otra posibilidad es La Dorada, un restaurante **donde / que** ofrece especialidades de pescado y **donde / que** los clientes cenan en pequeñas cabinas.
Finalmente, recomendamos The Grill Club, un restaurante **donde / que** es conocido por sus platos especiales y **donde / que** usted puede disfrutar de un menú internacional.

8 Do you know the origin of these things? Add the corresponding nationality adjectives.

1. • ¿La sangría?
   ▪ Una bebida ....
2. • ¿El tango?
   ▪ Un baile ....
3. • ¿Los espaguetis?
   ▪ Una especialidad ....
4. • ¿El *döner*?
   ▪ Un plato ....
5. • ¿Los tacos?
   ▪ Una comida ....
6. • ¿El Mercedes?
   ▪ Un coche ....
7. • ¿IKEA?
   ▪ Una tienda de muebles ....
8. • ¿Zara?
   ▪ Una marca de ropa ....

9 ¿Saber or poder? Complete with the verb in the correct person.

1. • Perdone, ¿ .... decirme dónde hay una parada de taxis?
   ▪ Lo siento, no lo .... , no soy de aquí.
2. • Me encanta esa discoteca porque se .... bailar salsa. ¿Quieres venir?
   ▪ Gracias, pero no .... bailar y me da mucha vergüenza.
3. • ¿Queréis venir a casa el domingo a cenar? Javier .... hacer una paella fantástica.
   ▪ ¡Sí, gracias! Pero ¿ .... llevar a mi hermana? Es que este fin de semana está de visita.

10 Use one item from each column to name dishes and complete the menu.

calamares		chocolate
pollo		cerdo
merluza		patatas
helado		ajillo
tarta	de	romana
chuleta	al	verdura
sopa	a la	manzana
ensalada	con	plancha
macedonia		tomate
gambas		fruta
espaguetis		boloñesa

Prepositions

de: ingredients
al / a la: method of preparation
con: accompanying

Menú del día

Primer plato

....

....

Segundo plato

....

....

Postre

....

....

11 42 - Complete the dialogue with the clients' phrases. Then listen to the conversation and check your answers.

• Buenas tardes. ¿Qué van a tomar?
▪ ....
♦ ....
• De acuerdo. Para beber, ¿qué les traigo?
▪ ....
♦ ....
• Muy bien. ¿Quieren elegir el postre ya o más tarde?
▪ ....
♦ ....
...
• ¿Algo más, señores?
♦ ....
• Claro, enseguida.

▪ Una botella grande de agua, por favor. Con dos vasos.
▪ Yo no quiero postre, gracias.
▪ Buenas tardes. Para mí, primero una sopa de tomate y luego la merluza.

♦ Pues yo tomo de primero los espaguetis y de segundo la chuleta.
♦ Y para mí, además una copa de tinto de la casa.
♦ Sí, dos cafés. Tenemos un poco de prisa. ¿Nos trae la cuenta, por favor?
♦ Yo sí, y ya sé qué quiero: crema catalana.

12 ¿Otro/a or un poco más de? Complete the sentences.

1. Perdón, ¿nos trae  .... por favor? Falta uno.
2. ¿Me puedes traer  .... ?
3. Quería  .... , por favor.
4. ¿Me trae  .... , por favor?
5. Marcos, ¿me pones  .... de chocolate, por favor?

13 Complete these typical restaurant phrases. Which phrases does the waiter say and which ones does the client say?

1. ¿Qué van a .... ?
2. La tortilla, ¿ .... caliente o fría?
3. ¿De postre qué .... ?
4. ¿Nos trae .... pan?
5. ¿Van a tomar postre o .... ?
6. Para mí, de .... pollo asado.
7. ¿Las patatas .... muy picantes?
8. ¿ .... mayonesa la ensalada?
9. De .... hay sopa o ensalada.
10. ¿Qué les .... para beber?

14 What activities are more likely to be done outdoors (F) and which are more likely to be done in inside (D)? Sometimes both options may be correct.

- [F] jugar al tenis
- [ ] tocar el piano
- [ ] jugar al ajedrez
- [ ] bailar
- [ ] jugar al golf
- [ ] tocar la guitarra
- [ ] jugar al fútbol
- [ ] ir al cine
- [ ] esquiar
- [ ] ir en bicicleta
- [ ] hacer fotos
- [ ] correr
- [ ] ir a la sauna
- [ ] hacer deporte
- [ ] ir al teatro
- [ ] hacer senderismo

15 Which word is not part of the group? Why?

1.	correr	cantar	esquiar	nadar
2.	tenis	fútbol	dominó	golf
3.	concierto	programa	película	exposición
4.	Vale	Perfecto	Qué pena	Buena idea
5.	primero	segundo	último	postre
6.	filete	chuleta	merluza	pollo
7.	sopa	tarta	crema catalana	flan
8.	salado	asado	dulce	picante

16 The verb ir can appear in several combinations. Connect the elements in the columns. Can you add an extra example per line?

ir	a	avión / tren / bicicleta / ....
	con	compras / excursión / ....
	de	Pablo / mis amigos / ....
	en	una exposición / la sauna / Francia / ....

17 Use one item from each column to make suggestions to meet up. Conjugate the verbs when necessary.

¿Y si vamos a / al ¿Vienes conmigo a / al ¿Tienes ganas de ¿Por qué no	concierto de Pachamama tomar una cerveza jugar al tenis hacer una excursión en bicicleta cenar juntos ver la exposición de arte maya hacer un curso de salsa ver una película	esta noche? mañana? este fin de semana? después de la clase? el próximo domingo? uno de estos días? el mes que viene? alguna vez?

18 Ask appropriate questions for these answers.

1. ¿ .... ? Mejor el martes, es que el lunes tengo clase.
2. ¿ .... ? Delante del cine es perfecto.
3. ¿ .... ? ¿Qué tal a las ocho?
4. ¿ .... ? Buena idea, el viernes vamos al cine.
5. ¿ .... ? ¡Qué pena! Es que después de la clase no puedo.
6. ¿ .... ? Mejor nos vemos en el bar directamente, ¿vale?

19 Complete the table.

	MASCULINO	FEMENINO
SINGULAR	otr........ cuchillo	otr........ cuchara
PLURAL	otr........ dos cafés	otr........ dos cervezas

20 Complete the endings of these nationalities.

	MASCULINO	FEMENINO
SINGULAR	suiz.......... español inglés	suiz.......... español.......... ingles..........
PLURAL	suiz.......... español.......... ingles..........	suiz.......... español.......... ingles..........

Uppercase and lowercase

In Spanish, only country names are capitalized. Nationalities and languages are written in lower case.

- Mi mujer es **suiza**, por eso vivimos en **Suiza** y hablamos **alemán** y **francés**.

21 Complete the table with the forms of the verb ir.

	IR	A +	INFINITIVO
yo tú él, ella, usted nosotros/as vosotros/as ellos, ellas, ustedes	....	a	salir con amigos. hacer una excursión. ver una película.

22 43 – **Listen to this phone conversation and tick the correct answers.**

1. Pedro habla
   - ☐ con un amigo.
   - ☐ con una amiga.
2. Le propone ir
   - ☐ a una fiesta latinoamericana.
   - ☐ al cine.
3. Van a ver una película
   - ☐ chilena.
   - ☐ argentina.
4. Quedan en un bar
   - ☐ a las diez.
   - ☐ a las nueve.

23 a. Read this dialogue and circle the correct answer in each case.

- • **Es / Está** una ciudad.
- ▪ ¿**Es / Está** española?
- • No, **es / está** latinoamericana.
- ▪ ¿**Es / Está** en Centroamérica?
- • Sí.
- ▪ ¿**Es / Está** una capital?
- • Sí.
- ▪ ¿**Es / Está** en la costa?
- • Sí, **es / está** en la costa.
- ▪ ¿**Es / Está** ciudad de Panamá, la capital de Panamá?
- • Eso **es / está**.

b. Now you. Think of a Spanish or Latin American city and practise with your partner.

24 In a restaurant. Match the statements to the situations and complete the sentences with es, son or está/n. The endings of the adjectives will help with this.

- ☐ Estás comiendo una tarta deliciosa.
- ☐ Tus patatas fritas llevan mucha sal.
- ☐ Tu amigo te explica qué es el gazpacho.
- ☐ Tu crema catalana lleva mucho azúcar.
- ☐ Te preguntan: "¿Qué tal el pollo con gambas?".
- ☐ Hablas de la cocina mexicana.

1. .... PICANTE, PERO MUY BUENA.

2. ¡QUÉ RICA .... !

3. .... MUY SALADAS.

4. EXCELENTE, ... MUY RICO.

5. .... DEMASIADO DULCE.

6. .... UN PLATO QUE SE COME FRÍO Y LLEVA VERDURAS.

25 Plans for the weekend. Complete this phone conversation with the correct form of the verb ir + the prepositions a, de, con, en.

- Julia, ¿qué haces este fin de semana?
- ■ Esta noche .... casa de Marcos a cenar. .... mi hermana Inés, que está de visita. ¿Y tú?
- Toni y yo .... excursión a la montaña el sábado. Esta noche yo .... cine con una amiga y él .... jugar al tenis. Después .... copas con los amigos del tenis de Toni. Y tú, ¿ya tienes planes para el sábado?
- ■ Sí, primero Inés y yo .... desayunar en un café, luego ella .... compras. A mí no me gusta. Por la noche .... juntas .... bailar salsa. Y vosotros, ¿............ .... coche o .... tren a la montaña?
- .... coche, además, llevamos también las bicicletas. Y el domingo... ¡tranquilidad!
- ■ Para mí también, mi hermana se .... por la mañana y yo solo quiero descansar. ¡Buen fin de semana!
- ¡A vosotras también!

26 There are some mistakes in these phrases. Correct them with the words in the column on the right.

1. ¿Vienes **con mi** al mercado?	☐	**a.** que
2. Para **me**, de postre, un helado.	☐	**b.** está
3. Menorca es un lugar **donde** me gusta mucho.	☐	**c.** –
4. Mi filete **es** demasiado picante.	☐	**d.** alemanas
5. La paella **está** una especialidad de Valencia.	☐	**e.** mí
6. Mis amigas Karin y Sabine son **alemanes**.	☐	**f.** conmigo
7. Por favor, ¿nos trae **más de** pan?	☐	**g.** más
8. ¿Me trae **un** otro café?	☐	**h.** es

27 Panamericana: Chile. Go back to the text on pages 128 and 129 of the Student Edition and answer the following questions.

1. ¿Cuántos kilómetros de longitud tiene Chile?
   ....
2. ¿Cómo se llama el desierto más seco del mundo?
   ....
3. ¿Dónde está?
   ....
4. ¿Dónde hay fiordos, glaciares y pingüinos?
   ....
5. ¿Dónde están los moáis?
   ....
6. ¿Por qué es famoso Valparaíso?
   ....

MUNDO PROFESIONAL

28 What do you do or not do at a business lunch? Mark what you think is correct (C) or incorrect (I). Then read the text and compare your answers. Do you agree with the opinions in the text? Discuss it in class.

1. ☐ Dejar los móviles encima de la mesa.
2. ☐ Dejar las llaves y la agenda en la mesa.
3. ☐ No pedir platos caros y fuertes.
4. ☐ Hablar no solo del trabajo.
5. ☐ Pasar mucho tiempo tomando café.
6. ☐ Pagar cada persona su parte.

En una comida de trabajo los móviles se desconectan durante la comida y no se ponen en la mesa. Tampoco otros objetos, como por ejemplo llaves o agendas.
Los invitados no piden platos muy caros. Una comida de negocios no es un banquete.
El tema de conversación no tiene que ser solamente el trabajo. Durante la comida conviene hablar de otros temas más generales y quizás llegar al trabajo en los postres.
Si la reunión sigue por la tarde, no se recomienda pasar mucho tiempo tomando café. Si la comida es una despedida, la sobremesa puede ser un poco más larga.
En general, los almuerzos de negocios tienen un carácter más laboral que las cenas.
La cuenta la paga la persona que invita.
En resumen, un agradable encuentro, con una buena conversación y entre personas con buenas maneras, puede añadir muchos puntos a su favor para tener éxito en sus negocios.

29 44 - A telephone reservation. Listen to the conversation and complete the reservation.

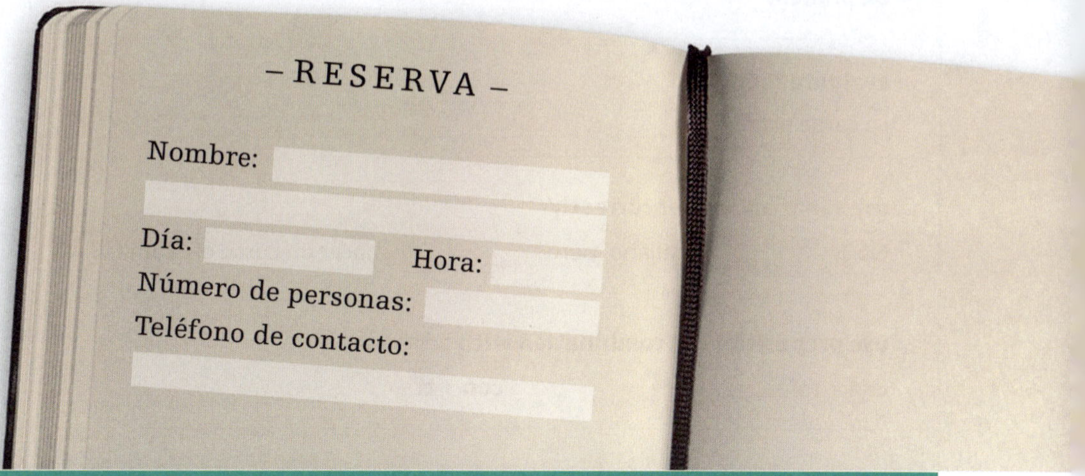

PRONUNCIAR BIEN

30 a. Groups of letters ch and ll. Read the text and discuss any questions in class.

Pay attention to the Spanish pronunciation of **ch** and **ll**, as these letters can sound different in other languages.

b. 45 - Read these phrases and then listen and check your pronunciation.

Del dicho al hecho hay un buen trecho.

Te he dicho que dejo dos trajes bien hechos.

Estrella, ¡llevas la llave en un llavero brillante!
Sí, es brillante el llavero de Estrella en el que lleva la llave.

AUTOEVALUACIÓN

NOW I KNOW HOW TO...	👍	✋	👎
... talk about leisure activities: En mi tiempo libre me gusta ______.			
... describe plans and events in the future: El sábado voy a ______.			
... make, accept or reject a proposal: ¿Tienes ganas de ______? Lo siento, es que ______.			
... meet someone and agree on the time and place: ¿Cuándo ______? ¿Qué tal ______?			
... describe something: Es un plato que ______.			
... order in a restaurant: De primero ______.			
... evaluate food: La carne está ______.			
... use saber and poder correctly: No ______ italiano, pero ______ hacer un curso en Roma.			
... use prepositions in combination with pronouns: **con + mí →** ______ **con + ti →** ______			
... use nationality adjectives: Me gustan los vinos ______.			
... use otro and un poco más de correctly: ¿Me trae otro/a ______ y un poco más de ______, por favor?			

11 CASA NUEVA, VIDA NUEVA

Communication
- Describe a home
- Compliment and react
- Give biographical information
- Talk about events in the past
- Ask about the past
- Locate a moment in the past
- Express quantity
- **MUNDO PROFESIONAL** A survey on housing

Glossary
- Parts of the house and the furniture
- Characteristics of a house
- The stages of life

Grammar
- The preterite
- The irregular past tense: **ir / ser**
- Time markers tenses for the preterite and the past perfect
- **PRONUNCIAR BIEN** Accent traps

Culture
- The history of cocoa
- **PANAMERICANA** Argentina

1 Complete the dialogue with words from the boxes.

planta	luz	afueras	metro	ventanas	ruidoso	edificio	piso	alquiler

- ¿Qué tal vuestro nuevo ....?
- Me gusta mucho. Estamos muy contentos.
- ¡Qué bien! ¿Cómo es?
- Tiene un salón con unas .... muy grandes y mucha .... Da a la calle, pero no es .... porque está en una calle pequeña donde casi no pasan coches.
- Está un poco lejos, en las ...., ¿verdad?
- Sí, pero está cerca del ....
- ¿Y cuánto cuesta el ....?
- 750 € con todo incluido.
- No está mal. Oye, y Alberto vive cerca, ¿no?
- Más cerca es imposible. Vive en el mismo ...., en la .... baja. Ya hemos quedado el miércoles para cenar en casa.

2 Which word is not part of the group? Can you add one more word to each group?

1.	nevera	organizadora	lavadora	microondas	
2.	pasillo	salón	dormitorio	escritorio	
3.	regalo	estantería	silla	cama	
4.	tranquilo	renovado	moderno	rápido	
5.	metro	piso	autobús	tren	
6.	televisor	radio	espejo	ordenador	
7.	a la derecha	al lado	al horno	en el centro	

3 46 - What are they talking about? Listen to six dialogues and tick who they are talking about in each case.

1. un escritorio / un armario
2. un televisor / un sofá
3. una lavadora / una nevera
4. una lámpara / una silla
5. un jersey / un espejo
6. un salón / un piso

4 a. 47 - Read the adverts and then listen to the phone conversation between Antonio and his wife Maria. Which apartment are they going to visit first?

ALBERTO AGUILERA

Apartamento, 110 m^2, 4 dormitorios, salón, cocina amueblada, baño completo, 4.° piso, exterior, con mucha luz, renovado, sin ascensor.
Precio: 1300 €. Tel.: 906 51 55 28.

Ref.: 59844162

ALCALÁ

Piso amueblado, 3 dorm., con mucha luz, muy tranquilo, interior, aire acondicionado, cerca del metro y de centros comerciales.
Precio: 1600 €. Tel.: 906 71 75 80.

Ref.: 59904176

ALAMEDA DE OSUNA

Piso 4 dormitorios, 2 baños, terraza 40 m^2, aire acondicionado, cocina sin amueblar, plaza garaje, piscina.

Inmobiliaria Taula.
Precio: 2000 €.

Ref.: 59837262

b. 47 - Listen to the conversation again and write the advantages and disadvantages of each apartment.

	ALBERTO AGUILERA	ALCALÁ	ALAMEDA DE OSUNA
VENTAJAS			
INCONVENIENTES			

5 Where is the ball? Draw the ball following the instructions.

La pelota está a la derecha de la silla.

La pelota está delante de la silla.

La pelota está debajo de la silla.

La pelota está al lado de la silla.

La pelota está entre las sillas.

La pelota está en la silla.

La pelota está a la izquierda de la silla.

La pelota está detrás de la silla.

6 Read the following compliments and reply.

1. • Uy, ¡qué casa tan bonita!
   ▪ ....
2. • ¡Qué cocina más moderna!
   ▪ ....
3. • Llevas un jersey precioso. ¿Es nuevo?
   ▪ ....
4. • Me encanta tu sofá.
   ▪ ....

7 **a.** Look at the house plan, tick the correct phrases and correct the incorrect ones.

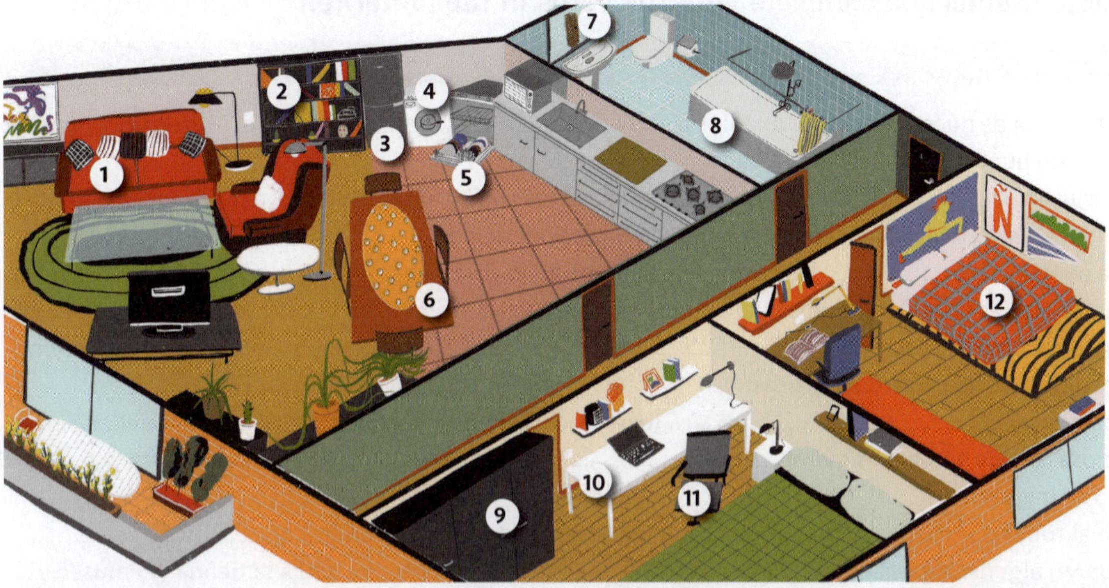

1. ☐ Hay tres dormitorios.
2. ☐ El salón está a la izquierda de la cocina.
3. ☐ La cocina está entre el salón y un dormitorio.
4. ☐ El baño está detrás, a la derecha.
5. ☐ Al lado de un dormitorio está la terraza.
6. ☐ La cocina es más grande que el salón.
7. ☐ En el salón hay un gato debajo del sofá.
8. ☐ La puerta del salón da al pasillo.

b. Furniture and household items. Do you remember what the furniture is called?

1. ....
2. ....
3. ....
4. ....
5. ....
6. ....
7. ....
8. ....
9. ....
10. ....
11. ....
12. ....

c. The parts of the house. In which rooms are the following things located? Can you add other objects to each room?

1. ducha, espejo ....
2. cama, armario ....
3. sofá, sillas ....
4. nevera, lavaplatos ....

8 Present or past? Sort the verbs into the correct columns.

hablo | vive | llegaste | usó | encontré
explicamos | como | fuimos | bebemos
bebimos | trabajasteis | vivimos | toman | llegas
explicaron | preguntáis | explican | comió | fui

Present and past

The first person singular of the present and the third person singular of the preterite of verbs ending in -**ar** only differ in which syllable is stressed: yo trabajo – él trabajó.

The first person plural of verbs ending in -**ar** and -**ir** are the same in the present and the past: **trabajamos**, **vivimos**. We understand the tense from the context.

PRESENTE	INDEFINIDO

9 Read the email written by a tourist who has visited Chocomundo Museum with some friends and complete with the verbs in the preterite.

Mensaje nuevo

El último día de nuestro viaje por Andalucía .... (VISITAR) el Museo Chocomundo en Estepa, un pueblo entre Sevilla y Málaga.
Este museo .... (NACER) hace más de 30 años de un proyecto de los dueños de una confitería. Está en un edificio impresionante de finales del siglo XIX.
En la puerta nos .... (SALUDAR) un guía y nos .... (INVITAR) a pasear por las salas del museo. En la primera nos .... (PRESENTAR) una película sobre la historia del cacao. Después .... (LLEGAR) a una sala con una colección maravillosa de figuras arqueológicas.
En otra sala nos .... (IMPRESIONAR) una colección de envases, entre ellos, una preciosa caja de bombones que se .... (FABRICAR) en el siglo XIX para la boda de la reina de Inglaterra.
Al final todos .... (RELAJARSE) en la cafetería donde .... (PROBAR) algunas especialidades. Además, yo .... (IR) a la tienda del museo y .... (COMPRAR) varias tabletas de chocolate negro, blanco y con almendras como recuerdo.

10 a. Compare what Elvira normally does with what she did last Sunday.

NORMALMENTE	EL DOMINGO PASADO
levantarse a las siete	levantarse a las diez
ir al trabajo sin desayunar	desayunar en la cama
comer en la cafetería de la empresa	comer en casa
tomar dos cafés en la oficina	tomar un café con una amiga
llamar por teléfono a sus clientes	llamar a su novio
no tener tiempo de ver a los amigos	ir de excursión con ellos
trabajar muchas horas	ir al cine
acostarse antes de las diez	acostarse muy tarde

Normalmente Elvira se levanta a las siete, pero el domingo se levantó a las diez.

b. And you? What did you do last Sunday?

Yo me levanté...

11 a. Expressions of time. Order the time markers chronologically.

en 2015	hace dos años	hoy	ayer	esta semana	el mes pasado	el 3 de marzo
hace dos días	el verano pasado	esta mañana	en octubre	el viernes		

b. Now, using different colours, underline the markers for the past perfect and those used with the preterite.

Past perfect and preterite

The preterite refers to actions within a period in the past that the speaker considers finished. The past perfect is used when we talk about actions within a period that the speaker does not consider finished (**esta semana**) or when the time is not important (**alguna vez**). The time that has elapsed objectively is not important.

12 **Perfect or preterite? Look at the time markers and complete with the appropriate verb form.**

1. Hace tres años Juan y María ______________ (CONOCERSE) en Cuba y este año los dos ______________ (EMPEZAR) a pensar en tener hijos.
2. Hoy María ______________ (VOLVER) temprano del trabajo y Juan le ______________ (PREPARAR) una sorpresa: la ______________ (INVITAR) a cenar porque hace bastante tiempo que ______________ (SALIR) juntos por última vez.
3. Juan ______________ (RESERVAR) una mesa en el restaurante El Asador de Patxi. Es un restaurante nuevo que ______________ (ABRIR) hace pocas semanas. Él ______________ (CENAR) allí con su jefe la semana pasada y la comida le (PARECER) ______________ exquisita.

13 **When? Read the phrases and tick the correct time by looking at the verb tense.**

1. Viajé por la Panamericana.
   - Este año.
   - El año pasado.
2. ¿Has comprado leche?
   - Hoy.
   - Ayer.
3. Visitaron el Museo del Prado.
   - En 2016.
   - Esta mañana.
4. Jorge vivió en Argentina muchos años.
   - Todavía vive en Argentina.
   - Ahora vive en otro país.
5. He comprado un regalo.
   - Para la fiesta de cumpleaños de hoy.
   - Para el cumpleaños de ayer.
6. Nos ha gustado mucho.
   - La película de ayer.
   - Esta clase de español.

14 **Opposites. Complete the opposites of these adjectives. What is the solution?**

↔ antiguo
↔ tranquila
↔ feo
↔ mala
↔ grande
↔ joven / nueva
↔ gordo
↔ barato
↔ baja
↔ optimista
↔ frío

Solución: ______________

15 **Divide the words and add any necessary accents and punctuation marks. Then classify the compliments and the responses in the table.**

QUELAMPARATANBONITATIENESUNACOCINAFANTASTICATUCREESPUESESMUYVIEJAMELA REGALOMIHERMANATEGUSTASINOESTAMALQUEVISTATIENESDESDEELBALCONTEPARECE QUESALONMASGRANDEPEROESUNPOCOOSCUROQUEBUENGUSTO

CUMPLIDOS	REACCIONES

16 Match the questions with the appropriate answers.

1. ¿En qué piso está?
2. ¿Cuántos metros cuadrados tiene?
3. ¿Cuánto cuesta el alquiler?
4. ¿Está incluida la calefacción?
5. ¿Cuándo está libre?

a. A partir del próximo mes.
b. Unos sesenta.
c. En el segundo.
d. 600 € al mes.
e. Sí, pero no la electricidad.

17 Martha is talking about her new flat. Which of these statements refers to the apartment (A) and which to her roommate (C)?

1. Está un poco lejos, pero es muy grande.
2. Parece bastante simpático.
3. Está siempre de buen humor.
4. Tiene mucha luz.
5. Es elegante y bastante amable.
6. Me gusta porque es tranquilo y barato.

18 Word families. Many words are related and can derive from each other. Complete the suitable nouns, adjectives and verbs in each line.

NOMBRE	ADJETIVO
....	tranquilo/a
la oscuridad	....
....	actual
el optimismo	....
....	deportista
la inteligencia	....

NOMBRE	VERBO
....	mudarse
el viaje	....
....	producir
el consumo	....
....	encontrar
la bebida	....

19 Complete the tables with the verbs in preterite.

	TRABAJAR	APRENDER	VIVIR
yo	....	....	....
tú	....	....	....
él, ella, usted	....	....	....
nosotros/as	....	....	....
vosotros/as	....	....	....
ellos, ellas, ustedes	....	....	....

20 Correct the errors in these sentences with the words in right-hand column.

1. La cocina del apartamento **es** amueblada.
2. El lunes **pasado** voy a hablar con Marta.
3. Ayer yo **llegé** muy tarde a la reunión.
4. Ayer el tren **llego** a las 10 en punto.
5. El domingo fui **en** casa de Lucía.
6. ¿Cuándo **fui** la última vez que fuiste al cine?
7. Ayer yo **fue** al cine con Roberto.
8. Este sofá **está** muy cómodo.

a. llegué
b. es
c. a
d. está
e. fue
f. que viene
g. llegó
h. fui

21 a. What is it? Read the definitions and write what they are refering to.

1. Nos sentamos allí para ver la televisión o hablar con alguien. el sofá
2. La usamos para dormir. Es grande. ....
3. La usamos cuando no hay mucha luz. ....
4. Sirve para colocar los libros y otros objetos. La ponemos en la pared. ....
5. Lo usamos para lavar los platos y los vasos sucios. Es un electrodoméstico. ....
6. Ponemos encima los platos, vasos, etc., para comer. ....
7. Está en el baño y lo necesitamos para vernos. ....
8. Dentro guardamos la ropa. Normalmente está en el dormitorio. ....

b. Think of three other parts of the house or furniture and define them. Your classmates then try to guess.

....

....

....

22 a. Read and complete the conversation.

- Buenos días, ¿en qué puedo ayudarle?
  (Estás buscando un piso céntrico pero tranquilo con garaje).
- ....
- ¿Cuántos dormitorios necesita?
  (Tres, sois una pareja con dos hijos).
- ....
- Creo que tengo lo que necesita. Está en el centro, cerca del metro y autobús.
  (Quieres saber si el apartamento está amueblado y preguntas por el alquiler).
- ....
- Tiene la cocina amueblada y aire acondicionado, por supuesto. Cuesta menos de mil euros al mes. ¿Qué le parece?
  (Te parece interesante. Preguntas cuándo se puede visitar el piso).
- ....

b. To what advert does the conversation in activity a refer to?

SAN JULIÁN
100 m^2, 4 dormitorios, salón, cocina sin muebles, 2 baños, terraza, 2.° piso, sin ascensor, garaje, zona residencial, cerca de un parque. Precio 1000 €. Ref. SJ-123.B

CALLE PICASSO
90 m^2, 3 dormitorios, salón, cocina amueblada, baño completo, balcón, 4.° piso, ascensor, cerca del centro (autobús). Precio 850 €. Ref. CP-008.H

ALAMEDA DE SAN BLAS
85 m^2, 3 dormitorios, 2 baños, cocina amueblada, salón, balcón, 1.er piso, sin ascensor, bien comunicado (metro y autobús), garaje, aire acondicionado. Precio 920 €. Ref. ASB-220.M

23 Conjugate the verb ir.

	PRESENTE	PRET. PERFECTO	PRET. INDEFINIDO
yo	....	....	....
tú	....	....	....
él, ella, usted	....	....	....
nosotros/as	....	....	....
vosotros/as	....	....	....
ellos, ellas, ustedes	....	....	....

24 With or without an accent? Do the verbs in the following phrases have an accent? Why?

	SÍ	NO	POR QUÉ
1. **Llego** del trabajo y estoy muy cansado.	☐	☐	
2. ¿Cuándo **llego** el correo de Amalia?	☐	☐	
3. Mi hija **trabajo** dos años en Perú.	☐	☐	
4. Ahora **trabajo** en una agencia inmobiliaria.	☐	☐	

25 Complete the dialogue with the verbs in the preterite.

- Hola, Javier, ¿qué tal el fin de semana?
- Ha sido un fin de semana fantástico. Sobre todo, ayer. Ayer .... (SER) mi domingo perfecto.
- ¡Interesante! ¿Y por qué? ¿........ (IR) a la playa?
- No, ... (QUEDARSE) en casa con mi mujer y mis hijos. .... (DORMIR) todos hasta las 10. Luego .... (LEVANTARSE), mi mujer .... (SALIR) a correr y yo .... (IR) a comprar el periódico, pan y cruasanes. .... (DESAYUNAR) todos juntos sin prisa. Yo .... (LEER) el periódico en la terraza, tomando el sol. Luego .... (NOSOTROS, INVITAR) a unos amigos a comer. Yo .... (PREPARAR) mi especialidad: paella. .... (PASAR) casi dos horas de sobremesa, simplemente hablando y tomando café. Después nuestros amigos .... (VOLVER) a casa y yo .... (DECIDIR) dormir una pequeña siesta. Como ves, nada especial, pero muy relajante. Después .... (SALIR) todos juntos a dar un paseo por la playa y al final .... (VER) una película en casa. Y tú, ¿qué .... (HACER)?

26 Panamericana: Argentina. Answer the questions and then check your answers with the text from pages 142 and 143 of the Student Edition.

1. ¿Cuántos habitantes tiene la capital, Buenos Aires?

   ....
2. ¿Cómo se llaman los autobuses en Argentina?

   ....
3. ¿Qué es el Perito Moreno y dónde está?

   ....
4. ¿Dónde nació el famoso tango argentino?

   ....
5. ¿Cómo se llama uno de sus representantes más famosos?

   ....
6. ¿Qué es el mate? ¿Qué ritual hay para tomarlo?

   ....

MUNDO PROFESIONAL

27 Your company has done a survey of its employees about housing. Write a report with the help of the diagrams and quantifiers in the boxes.

casi todos/as	la mayoría	muchos/as	la mitad	algunos/as	pocos/as	casi nadie	nadie

La mayoría de los/las empleados/as tiene casa propia.

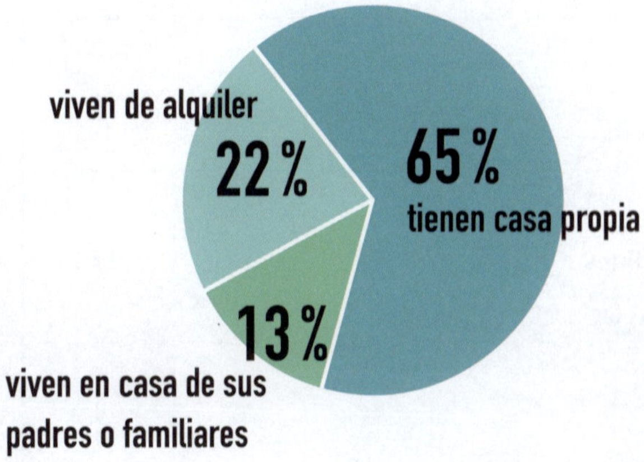

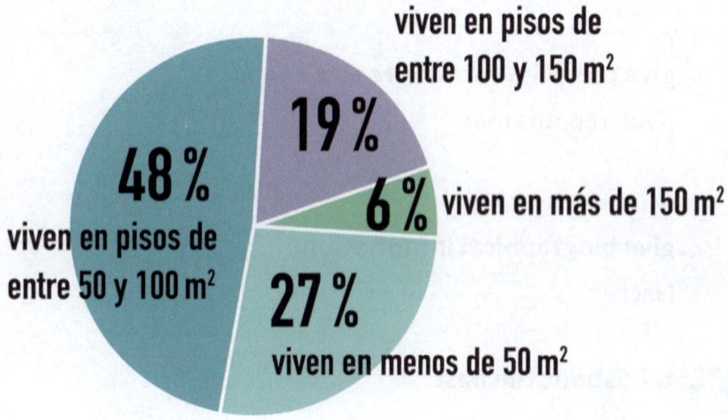

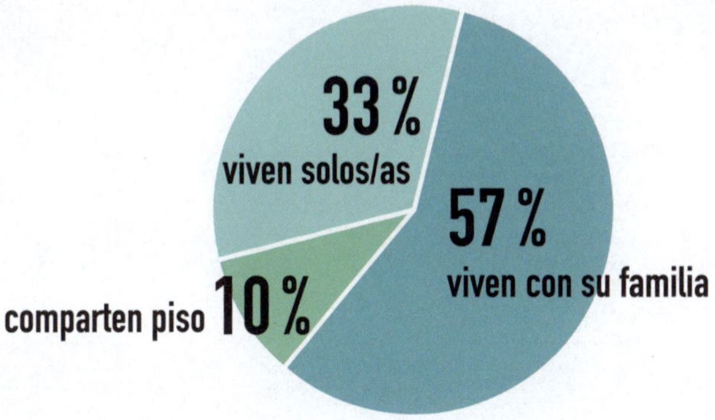

PRONUNCIAR BIEN

28 a. Accent trap. Read the text and discuss any questions in class.

There are Spanish words that look very like words in other languages, but they have different accentuation. Different syllables are stressed, for example, *professor* – **profesor**, *therapy* – **terapia**, *atmosphere* – **atmósfera**. Incorrect pronunciation of these words does not hinder communication, but it makes what we say sound less a Spanish.

b. 48 – Read the sentences and underline the stressed syllables of the words in bold. Then listen and check.

1. Me he comprado un **sofá** precioso.
2. En las vacaciones voy a **Ibiza** o **Caracas**.
3. Llamé por **teléfono** a la **farmacia** y pedí una **fotocopia** de la receta.
4. Estudiamos **Matemáticas** y **Física** en **Uruguay**.

AUTOEVALUACIÓN

NOW I KNOW HOW TO...

... describe a flat:

Mi casa es ______ . El salón ______ .

... name furniture and appliances:

la cama, ______ , la lavadora, ______

... give compliments and react:

¡Qué zapatos más ______ ! ¿Tú ______ ? Pues ______

______ .

... give biographical information:

Nací en ______ .

... talk about the past:

______ .

... indicate the place of something:

Mi casa está ______ .

... talk about quantities:

(casi) todos/as, ______

______

... conjugate the regular preterite verbs:

yo trabajé, ______

yo viví, ______

... conjugate ser and ir in the preterite:

yo fui, ______

... differentiate the markers for the preterite and the perfect:

indefinido: ayer, ______

perfecto: ______

12 MIRADOR

Review unit

1 **Read this text and tick the correct word in each case.**

Mensaje nuevo

Querida Beatriz:

Ya estoy [1] Cusco ¡y es de verdad un lugar maravilloso! Desde aquí [2] hacer el Camino Inca. Yo [3] unos días antes de empezar la excursión porque es importante [4] a la altura. No he tenido problemas con el soroche y creo que [5] voy a tener problemas con los pies. Vamos a caminar mucho y subir a las montañas, con la mochila. Han dicho que va a [6] mal tiempo, pero [7] una persona optimista y me encanta vivir esta experiencia única. Ya he conocido [8] de mis compañeros de viaje y son todos [9] simpáticos.

Bueno, te escribo a la vuelta. ¡Mañana tenemos que [10] a las seis de la mañana!

Un abrazo,

Arturo

1. ☐ en ☐ a
2. ☐ voy ☐ voy a
3. ☐ llegó ☐ llegué
4. ☐ se adaptar ☐ adaptarse
5. ☐ tampoco ☐ también no
6. ☐ ser ☐ hacer
7. ☐ soy ☐ estoy
8. ☐ algunos ☐ a algunos
9. ☐ mucho ☐ muy
10. ☐ levantarnos ☐ levantarse

2 **a.** 49 - **Read the sentences first and listen to each text twice. Then mark if the sentences are true (V) or false (F). Correct the false sentences.**

1. Estás escuchando un programa de radio sobre el Camino de Santiago. Escucha lo que dicen:
   ☐ El Camino Francés pasa por Bilbao.
2. Una actriz habla de sus actividades y dice:
   ☐ Los fines de semana quiere hacer muchas cosas.
3. Estás en un restaurante y quieres pedir el menú del día. Escucha lo que dice el camarero:
   ☐ No puedes pedir gazpacho hoy.
4. Una amiga se ha mudado a un piso nuevo. Escucha lo que dice:
   ☐ Todavía no ha tenido tiempo de comprar todo lo que necesita.

b. 50 - **Read the dialogues and listen to each text twice. Then mark the correct answers.**

1. • ¿A qué hora llega el tren?
   ▪ Pues yo creo que a las ....
   a. ☐ 10.15 **b.** ☐ 10.40

2. • ¿Cuántos kilómetros son?
   ▪ Unos ....
   a. ☐ 50 **b.** ☐ 500

3. • ¿Cómo se llama la montaña que se ve desde La Paz?
   ▪ ....
   a. ☐ Illimani **b.** ☐ Iyimani

4. • ¿Tú sabes en qué año llegó el chocolate a Europa?
   ▪ En .... , en el cuarto viaje de Cristóbal Colón.
   a. ☐ 1504 **b.** ☐ 1540

3

51 - **First read the answers a-e and listen to questions 1-4 twice. Then match each question with the appropriate answer.**

1. ☐
2. ☐
3. ☐
4. ☐

a. No sé, no las he visto.
b. Sí, buena idea.
c. A mí tampoco.
d. Yo también.
e. No, nada, gracias.

4

a. Read the texts and then choose a title for each.

☐ Precios más bajos en Venezuela.
☐ Llega el frío.
☐ Un regalo muy original.
☐ Más comunicación, mejor información.

1

El cambio se presenta casi de la noche a la mañana: los expertos dicen que las temperaturas van a bajar esta semana de los agradables 20 ° del domingo hasta los 5 ° el jueves. Además, para hoy y para mañana se espera lluvia y un fuerte viento en casi toda la región.

2

Un grupo de estudiantes de Puebla (México) produce figuras de chocolate con un diseño prehispánico. Las figuras se venden junto con una tarjeta que lleva una frase escrita en náhuatl y su traducción al español. La idea de estos jóvenes no solo es ofrecer un producto muy especial. También quieren recordar el origen del chocolate y dar a conocer la lengua de los antiguos mexicanos.

3

El satélite Simón Bolívar cumple ocho años. Desde su instalación más de seis millones de venezolanos tienen acceso a internet. Este proyecto de cooperación entre Venezuela y China ha contribuido al desarrollo tecnológico y social del país con mejores conexiones de internet y teléfono y con programas de medicina y educación para la televisión.

b. **Read the email and mark if the sentences are true (V) or false (F).**

Mensaje nuevo

Querida María Elena:

Vienes ya mañana, ¡qué bien! No sé si me has dicho a qué hora llegas, pero he olvidado decirte que salgo un poco tarde de la oficina. Como soy nueva en la empresa, no puedo salir antes de las siete. Si llegas a Madrid antes de esa hora, no pasa nada porque mi vecina tiene la llave de mi piso. Y si quieres, puedes tomar un café en la cafetería de al lado. Es un café tradicional.

¡Qué ilusión pasar algunos días juntas después de tanto tiempo! ¡Va a ser un fin de semana genial!

Nos vemos pronto.

Un abrazo,

Carmen

María Elena...

1. ☐ va a visitar a una amiga que vive en Madrid.
2. ☐ tiene un trabajo nuevo.
3. ☐ no ha visto a Carmen durante mucho tiempo.

c. **Read the deals for this language school in Malaga. Then read the questions and tick the correct answers.**

1. Quieres aprender a hablar más libremente. ¿Qué curso te conviene?

   ☐ B ☐ E

2. Te encanta la literatura. ¿En qué curso puedes leer textos literarios en español?

   ☐ A ☐ D

3. Para tu trabajo necesitas conocer la actualidad política y social del país. ¿Qué curso te conviene?

   ☐ C ☐ F

d. **Write an email to the school asking about the timetable of the course that interests you most, the number of hours, the prices and other questions that are useful for you.**

SOL DE ANDALUCÍA

Escuela de idiomas

Además de nuestros cursos habituales de español, tenemos este semestre las siguientes ofertas especiales:

A. Ejercicios para practicar la pronunciación del español.

B. Debates sobre temas interesantes, juegos y muchas actividades más para mejorar la expresión oral.

C. Preparación intensiva para los exámenes oficiales DELE.

D. Ejemplos de poesía, novela y teatro para descubrir la lengua española.

E. Visitas culturales a los monumentos importantes de la ciudad y a fiestas locales.

F. Presentación de vídeos, artículos de periódico y textos que tratan sobre la historia y la situación actual de España.

G. Clases de flamenco. No se necesita ropa especial, solo zapatos adecuados.

5 You are going to take a Spanish course in Malaga and you want live with a family. Write an email (about 40 words) to señora Sánchez, with whom you are going to live, and talk about these points. You should include the greeting and sign off.

- Da detalles sobre el curso.
- Pregunta por la casa de la señora Sánchez.
- Pregunta algo sobre Málaga.

6 Prepare an oral presentation about yourself. You can use this or other information and make a structure or a small script.

nombre | edad | origen y lugar de residencia | gustos

breve descripción de tu ciudad | idiomas que hablas | descripción física | familia

rasgos de tu personalidad | costumbres y rutina | actividades de tiempo libre | cómo es tu casa

7 In pairs. You are the owners of a new Latin American restaurant called La Panamericana. You have to design the menu with a minimum of six dishes. It should be an introduction to the route it takes its name from.

NOS VEMOS HOY 1

ILLUSTRATIONS

Miguel Manich (studiomanich.com)

Except for: **U1**: p. 14 miniature/GettyImages. **U2**: p. 20 khonkangrua/AdobeStock, Elaelo/AdobeStock. **U6**: p. 55 Agència Valenciana de Turisme. **U7**: p. 63 Dariia/AdobeStock. **U8**: pp. 73, 75 Dariia/AdobeStock. **U11**: p. 94 diane555/ iStockPhoto, Sepia100/AdobeStock.

PHOTOGRAPHS

U1: p. 9 Jia Liu/GettyImages, mavoimages/AdobeStock; p. 10 Rawpixel.com/AdobeStock; p. 15 luckybusiness/ AdobeStock; p. 16 Gina Pricope/GettyImages, RomoloTavani/iStockPhoto, elpo11o/AdobeStock, lanabyko/ iStockPhoto, sorincolac/iStockPhoto, Esdelval/iStockPhoto, rez-art/iStockPhoto, Nataliya Hora/AdobeStock. **U2**: p. 19 orestegaspari/iStockPhoto, Prostock-studio/AdobeStock; p. 20 laflor/iStockPhoto; p. 21 fizkes/iStockPhoto; p. 22 Vasyl/AdobeStock; p. 24 BullRun/AdobeStock, Tyler Olson/AdobeStock, jacoblund/iStockPhoto, kot500/ AdobeStock, PeopleImages/iStockPhoto, Kalim/AdobeStock, MStudioImages/iStockPhoto; p. 25 GeorgePeters/ iStockPhoto; p. 26 piranka/iStockPhoto; p. 27 subjug/iStockPhoto. **U3**: p. 29 THPStock/AdobeStock; p. 30 Satoshi-K/ iStockPhoto; p. 33 Natalia Bodrova/iStockPhoto, rusm/iStockPhoto, VisualCommunications/iStockPhoto, aluxum/ iStockPhoto, IakovKalinin/iStockPhoto, Dawid Kalisinski Photography/iStockPhoto; p. 36 etorres69/iStockPhoto, Ruzanna/AdobeStock, yacobchuk/iStockPhoto, Rostislav _ Sedlacek/iStockPhoto, Natalia Kolomytseva/iStockPhoto, Sensay/iStockPhoto, andov/AdobeStock. **U4**: p. 39 Aleksandar Todorovic/AdobeStock; p. 40 AntonioDiaz/ AdobeStock, Fotana/iStockPhoto, peffan/iStockPhoto. **U5**: p. 51 oida/AdobeStock; pp. 41, 42 mythja/Thinkstock; p. 41 Markus Mainka/AdobeStock; p. 42 stokkete/AdobeStock; p. 45 mbongorus/iStockPhoto, fcafotodigital/ iStockPhoto, alisafarov/iStockPhoto, viennetta/iStockPhoto, Hyrma/iStockPhoto, Tim Ur/GettyImages; p. 46 grounder/AdobeStock; p. 47 Sondem/AdobeStock; p. 48 Sergio Martínez/AdobeStock; p. 49 Chaay _ tee/AdobeStock, pikselstock/AdobeStock, NDABCREATIVITY/AdobeStock, Rido/AdobeStock. **U6**: p. 52 jjfarq/AdobeStock, lenaivanova2311/AdobeStock, milosk50/AdobeStock, maylat/AdobeStock; p. 54 Gerold Grotelueschen/iStockPhoto; p. 56 jcg _ oida/AdobeStock, Cmon/AdobeStock, adisa/AdobeStock, adonis _ abril/AdobeStock, Noppasinw/ AdobeStock, TTstudio/AdobeStock, ronnybas/AdobeStock, eyetronic/AdobeStock; p. 59 sukiyashi/AdobeStock, ffphoto/AdobeStock. **U7**: p. 61 Konstik/GettyImages, freepik; p. 64 AlenKadr/AdobeStock, kmiragaya/AdobeStock; p. 65 Cmon/AdobeStock; p. 66 Marcio Isensee e Sá/AdobeStock; p. 67 Ingo Bartussek/AdobeStock, zgphotography/ AdobeStock, Aitor/AdobeStock, Art _ man/AdobeStock. **U8**: p. 71 Olaf Speier/AdobeStock. **U9**: p. 73 martin-dm/ iStockPhoto; p. 74 Ruben Earth/GettyImages; p. 76 Jiri Hera/AdobeStock; p. 77 Hispanolistic/iStockPhoto; p. 78 naumoid/iStockPhoto, V.R.Murralinath/AdobeStock, the-lightwriter/iStockPhoto, amstockphoto/iStockPhoto, AnthonyRosenberg/iStockPhoto, mawielobob/iStockPhoto, ilkersener/iStockPhoto, FlamingPumpkin/iStockPhoto, NYS444/iStockPhoto, Carol _ Anne/iStockPhoto, happy _ author/AdobeStock, LeoPatrizi/iStockPhoto; p. 80 quintanilla/iStockPhoto. **U10**: p. 83 BalanceFormCreative/AdobeStock; p. 84 m-imagephotography/iStockPhoto, sonyakamoz/AdobeStock; p. 85 Nelea Reazanteva/AdobeStock, neirfy/AdobeStock; p. 87 Dan/AdobeStock, janvier/AdobeStock, somchaij/AdobeStock, Brad Pict/AdobeStock, unpict/AdobeStock, ARochau/AdobeStock; p. 89 Morsa Images/iStockPhoto, pic3d/AdobeStock; p. 90 baibaz/AdobeStock, wastesoul/iStockPhoto; p. 91 boschettophotography/iStockPhoto. **U11**: p. 93 Valeriy/AdobeStock, mihalis _ a/iStockPhoto; p. 96 JackF/AdobeStock; p. 99 ah _ fotobox/iStockPhoto, percds/iStockPhoto, Rudimencial/iStockPhoto. **U12**: p. 103 Byelikova _ oksana/ iStockPhoto; p. 104 twobee/AdobeStock; p. 105 Roberto Sorin/AdobeStock; p. 106 Jia Liu/GettyImages.